AF483194

www.ingramcontent.com/pod-product-compliance
Lightning Source LLC
Chambersburg PA
CBHW081156130726
47996CB00009B/3144

9 798869 255389

ספר

עֵץ חיים

לרבינו

חיים ויטאל ז"ל

שֶׁקִּיבֵּל ממרן האר"י זלה"ה

שַׁעַר השְׁבִירה

שַׁעַר ט' פֶּרֶק ד'

דמ"ד ע"ב – דמ"ד ע"ד

תש"פ

SimchatChaim.com

בהוצאת

שִׂמחַת חיים

אין לעשות שימוש כל שהוא בחומר שבחלק זה לצורך מסחרי, אלא רק ללמוד וללמד.
להסיג ספר זה או ספרים אחריים ולאינפורמציה book@simchatchaim.com

Copyright © All Rights reserved to simchatchaim.com

כל הזכויות שמורות למחבר ©אח"י

מהדורה ראשונה תש"פ 2020

בס"ד

הקדמה

ירפא ה**מ**אציל ו**י**ושיע ה**ב**ורא את כל חולי בני ישראל, וישלח להם רפואה שלימה, רפואת הנפש ורפואת הגוף, בכל אבריהם ובכל גידיהם לעבודתו יתברך.

בי"ב במנחם אב תשס"ה, הובהלתי לבית החולים, הרופאים לא נתנו לי סיכוי לחיות יותר מכמה שעות בגלל מספר תסבוכות. עם כל זאת בזכות התפילות של בני ישראל הקדושים, ברחמיו הרבים, ריחם עלי הקדוש ברוך הוא, ונשארתי בחיים.

עם כל זאת, הובחנה אצלי מחלה קשה בכליות, ונאמר לי שהצטרך למכונת דיאליזה. בשבילי זה היה שוק!!! אף פעם לא הייתי אצל רופא, או בבית חולים. כך בעל כרחי התחברתי למכונת דיאליזה, ומכונה זאת הייתה[1] קשורה בי ככלב במשך שמונים חודשים בדיוק, כמניין **יסוד**, במשך 12-10 שעות ביום.

בשבת פרשת **ויחי יעקב** י"ב טבת תשע"ב, בזכות בני ישראל, שכולם אהובים כולם ברורים כולם גיבורים כולם קדושים... וכולם פותחים את פיהם באהבה שלוש פעמים ביום, ואומרים - **ברוך אתה... רופא חולי עמו ישראל**, וכללות כל האברכים, תלמידי הישיבות, רבנים וחכמים, חסידים, מקובלים עם תינוקות של בית רבן, זקנים עם נערים, בחורים וגם בתולות, בארץ הקודש ובעולם. ומצד שני בנות ישראל היקרות מפז, שהתפללו וקבלו עליהם כל מיני קבלות, מהמפרשת חלה עד צניעות וכיסוי הראש, עם הרבנים, המנהלים, המורים, המורות **והתלמידות של בית יעקב דטורונטו** שכל יום התפללו, וכללו בתפילתם שבקעה את כל הרקיעים אותי, ונושעתי אני הקטן. הושתלה בי כליה. והתנתקתי ממכונת הדיאליזה.

אמר המלך דוד - לולי[2] תורתך שעשעי אז אבדתי בעניי. מה שנתן לי חיות היא התורה הקדושה, בשעות הרבות שהייתי מחובר למכונת הדיאליזה)כ12 שעות ביום(, ערכתי סדרתי וכתבתי במחשב את הקונטרסים שלמדתי במשך שנים. וקונטרסים אלו הפכו לחיבור, ואחרי התלבטויות ובקשות מבני גילי, החלטתי בעזרתו יתברך להדפיס קונטרסים אלו.

ידוע הוא כי כל דברי האר"י זלל"ה ותלמידו נאמן ביתו, רבינו חיים ויטאל הם סתומים וחתומים באלפי שרשראות ומנעולים, והרב ז"ל גלה טפח וכיסה אלפים אמה, וכלל דבריהם הוא משלים, עם כל זאת העוסק במשל פועל בעלמות העליונים בנמשל. לכן צריך זהירות גדולה לא להגשים את המשלים, בסוד המבואר בספר הזוהר הקדוש - **ועלייהו אתמר** ועליהם נאמר - **ארור האיש אשר יעשה פסל ומסכה וגומר, ושם בסתר, מאי בסתר** מהו בסתר - **בסתרו דעלמא** בסתר העולם. **ובגין דא אמר קודשא בריך הוא לא תעשון אתי** ומפני זה אמר הקדוש ברוך הוא לא תעשון אתי **אלה"י כסף ואלה"י זהב, והכי אוקמוה חבריא לא תעשון אתי כדמות שמשי שמשמשין אותי** וכך העמידוהו החברים לא תעשון אתי כדמות שמשי שמשמשים אותי במרום, **לצייירא בסתר דילי שום ציור או דמיון** לצייר בסתר שלי שום ציור או דמיון, **דכל מאן דצייר לעיל לקודשא בריך הוא** שכל מי שמצייר למעלה לקדושה ברוך הוא, בסתר)**דאיהי שכינתיה, כלילא מעשר ספיראן שהיא שכינתו**, כלולה מעשר ספירות(, **שום ציור, וצלם, ודמות, כגוונא דמצייריין בשמשין דיליה** שמציירים בשמשים שלו, **בשמתיה אתלבשא בההוא צלמא** נשמתו מתלבשת באותו צלם....

---

[1]

גמרא סוטה ד"ג ע"ב - גמרא סוטה ד"ג ע"ב – רבי אלעזר אומר, **קשורה בו ככלב**, שנאמר - ולא שמע אליה לשכב אצלה להיות. עמה לשכב אצלה בעולם הזה. להיות עמה לעולם הבא.

[2]

תהלים קי"ט צ"ב

וכן הוא בסוף ענף ד' דשער א' בספר עץ חיים שער ההקדמות, וז"ל הטהור - ואמנם דבר גלוי הוא כי אין למעלה גוף ולא כח גוף חלילה. וכל הדמיונות והציורים אלו לא מפני שהם כך חס ושלום. אמנם **לשכך את האוזן** לכשיוכל האדם להבין הדברים העליונים, הרוחניים, בלתי נתפסים, ונרשמים בשכל האנושי. לכן ניתן רשות לדבר בבחינת ציורים ודמיונים, כאשר הוא פשוט בכל ספרי הזוהר. וגם בפסוקי התורה עצמה כולם כאחד עונים ואומרים בדבר הזה, כמו שאמר הכתוב עיני הוי"ה המה משוטטים בכל הארץ. עיני הוי"ה אל צדיקים. וישמע הוי"ה. וירח הוי"ה. וידבר הוי"ה. וכאלה רבות. וגדולה מכולם מה שאמר הכתוב - ויברא אלהי"ם את האדם בצלמו בצלם אלהי"ם ברא אותו זכר ונקבה וגו'. **ואם התורה עצמה דברה כך** גם אנחנו נוכל לדבר כלשון הזה, עם היות שפשוטו הוא למעלה שם שאין שם אלא אורות דקים בתכלית הרוחניות, בלתי נתפשים שם כלל, וכמו שאמר הכתוב - כי לא ראיתם כל תמונה, וכאלה רבות. ואמנם יש עוד דרך אחרת כדי להמשיך ולצייר בה הדברים העליונים, והם בחינת כתיבת צורת אותיות, כי כל אות ואות מורה על אור פרטי עליון, וגם תמונת זו דבר פשוט הוא כי אין למעלה לא אות ולא נקודה, **וגם זה דרך משל וציור לשכך את האוזן** כנזכר.....

ולכן כל המבואר כאן בחיבור זה הוא כדי **לשכך את האוזן**. והתרשימים שבסוף החיבור הם כדי **לשבר את העין**, לכן אין שום ביאור והסבר שלם, ואין שום תרשים שלם בתכלית השלמות.

ידוע כי[3] דברי תורה עניים במקומן ועשירים במקום אחר, **ועל אחת כמה וכמה** בדברי הרב ז"ל, שכל סוגיא חסרה[4] במקומה, וחלקיה מפוזרים במקומות אחרים. **זאת ועוד** הרב ז"ל מערבב בדרוש אחד כמה וכמה סוגיות, כאשר בפשטות דבריו נראה שכל הדרוש הוא דרוש אחד, ולא מחולק לסוגיות שונות, ושמועות שונות, **ביאור** דברי הרב ז"ל כאן הם **בעומק, והוא בעצם ליקוט** עד איפה שידי הקצרה הגיעה, מכל חלקי ספר עץ חיים, ושמונה השערים המצויינים לרב ז"ל, מבוא שערים ושאר ספרי הרב ז"ל, והוא גם על פי הקדמת רחובות הנהר למרן הרש"ש, דרושי פנימיות וחיצוניות, דרוש הדעת, סוגיות ערכין, סוגיות דכללות והתכללות, פרטות וכללות, וסוגיות עובי ואורך, ועל פי ביאור גדולי רבותינו חכמי המקובלים לדורותם זלה"ה זי"ע.

ידוע כי[5] אין בר בלי תבן, כך אין ספר בלי טעויות, ועוד יודע אני כי דל ועני אני, **ואין[6] עני אלא בדעה**. לכן מבקש אני בכל לשון של בקשה אם יש לכל אחד שאלות, הערות, הארות, תיקונים, נא לשלוח ל - book@simchatchaim.com והשתדל לענות, ולתקן את הצריך תיקון.

בברכה והצלחה בלימוד התורה הקדושה
ובעיקר בפנימיות התורה, תורת האר"י הח"י.
ורפואה שלימה לכל חולי ישראל.

אח"י

---

[3]

גמרא ירושלמי, ראש השנה פ"ג הלכה ה' די"ז ע"א – דברי תורה עניים במקומן, ועשירים במקום אחר.

[4]

תורת חכם דע"ב ע"ב – חסר לשון הוא, כמו שיראה המעיין.

[5]

גמרא ברכות נ"ה א' - מה לתבן את הבר נאם ה', וכי מה ענין בר ותבן אצל חלום, אלא אמר ר' יוחנן משום ר' שמעון בן יוחאי ,כשם שאי אפשר לבר בלא תבן, כך אי אפשר לחלום בלא דברים בטלים.

[6]

גמרא נדרים מ"א ע"א – אין עני אלא בדעה .

ב"ה

הקדמה קצרה לחיוב לימוד תורת הקבלה

ישמחו **ה**שמים **ו**תגל **ה**ארץ ירעם הים ומלאו. שזכינו בדור שלנו שפנימיות התורה, שהיא היא תורת הקבלה, מתפשטת לכל, וכל מקום בעולם היום לומדים בתורת הח"ן. הדור שלנו יש הרבה התעוררות ללמוד סתרי התורה הקדושה, הנקראת חכמת הקבלה. בירושלים של המאה ה18 בישיבת **בית אל** היו בקושי מנין של מקובלים, והיום תורת הקבלה מופצת בכל מקום בארץ ובעולם. לעניות דעתי אחת הסיבות העיקריות לשינוי זה הוא רצונם של בני התורה, החוזרים בתשובה ועמך לדעת את סוד החיים, למה ברא הקדוש ברוך הוא את העולם, ואת טעמי המצות, ר"ל אי אפשר היום בדור שלנו, להסביר על פי הפשט את הסיבה מדוע אסור לאכול בשר וחלב, מדוע צריך להניח תפילין, למה לשמור דווקא שבת ולא יום שלישי, אי אפשר להגיד כל הזמן **זאת גזרת הכתוב, כך רוצה הקדוש ברוך הוא**, האנשים מחפשים הסברים למצות, לסיפורי התנ"ך, לגלגולי נשמות, ועוד. ורק על ידי עסק בפנימיות התורה, אדם מסיג את ההסברים לקושיות שיש לו. **זאת ועוד** חיים אנחנו בדור של חומריות, והאנשים מחפשים את רוחניות שבחיים, אז מה עושים, נוסעים למזרח, להודו, סין, תאילנד למצוא רוחניות, ולא יודעים **ששורש כל הרוחניות בעולם נמצאת בתורה הקדושה**, עם כל זאת כאשר הלומד את פשט התורה, **הוא לא מכיר** את הקדוש ברוך הוא, והוא בלי יראת שמים ושמחה אמתית. כותב הרב המקובל האלוה"י רבינו יהודה פתייה בפרושו הנפלא על עץ חיים - כי לימוד עץ חיים הוא עמוק מאד מאד, כי הוא **מים שאין להם סוף**, והוא קשה מאד גם לחכמים ההוגים בו תמיד, וכל שכן למתחילים. כי הוא חזק מצור, וקשה מברזל, שאי אפשר לחצוב ממנו מאומה, אם לא על ידי כלי מחצב חזקים כציפורן שמיר. וכל המתחיל בלימוד עץ חיים, אם לא יהיה לו רב, או לפחות איזה מפרש המפרש לו כוונת הפרק ההוא לפי פשוטו, נבול יבול, ואינו יכול לעמוד על הפרק כי אם לאחר יגיעה רבה, ושקידה עצומה, וכולי האי ואולי. כי הרבה פעמים יסבור המעיין שהבין הענין ההוא כראוי, ואחר שילמוד עוד איזה פרקים אחרים, ירגיש כעצמו שלא הבין את פרקים הקודמים, והניסיון יעיד על זה, עד כאן דברי קודשו. עם כל זאת חייב כל אדם לעסוק בתורת החיים.

צדיק אתה הוי"ה וישר משפטיך. כתב הרב רבינו חיים ויטאל ז"ל בהקדמה לשער ההקדמות - והנה מה שכתב בתחילת דבריו, ואפילו כל אינון דמשתדלי באורייתא כל חסד דעבדי לגרמייהו וכו', עם היות שפשוטו מבואר ובפרט בזמנינו זה, בעונותינו היום אשר התורה נעשית קרדום לחתוך בה אצל קצת בעלי תורה, אשר עסקם בתורה על מנת לקבל פרס, והספקות יתירות, וגם להיותם מכלל ראשי ישיבות, ודיני סנהדראות, להיות שמם וריחם נודף בכל הארץ, **ודומים במעשיהם לאנשי דור הפלגה הבונים מגדל וראשו בשמים**, ועיקר סיבת מעשיהם היא מה שנאמר אחר כך הכתוב - **ונעשה לנו שם...** והנה על הכת הזאת אמרו בגמרא כל העוסק בתורה שלא לשמה, נוח לו שנהפכה שלייתו על פניו, ולא יצא לאויר העולם. ואמנם האנשים האלה מראים תימה וענוה באמרם כי כל עסקם בתורה הוא לשמה. והנה החכם הגדול התנא רבי מאיר ע"ה העיד עליהם שלא כך הוא, באומרו לשון כללות - כל העוסק בתורה לשמה זוכה לדברי הרבה וכו', **ומגלים לו רזי תורה, ונעשה כנהר שאינו פוסק**, והולך

וכמעיין המתגבר מאליו, בלתי הצטרכו לטרוח ולעיין בה, ולהוציא טיפין טיפין של מימי התורה מן הסלע, הנה זה יורה שאינו עוסק בתורה לשמה כהלכתה, ומי זה האיש אשר לא יזלו עיניו דמעות בראותו המשנה הזאת, **ורואה חסרונו ופחיתותו**, עד כאן לשונו. לכן כל אחד צריך לטעום מעץ החיים.

חצות לילה אקום להודות לך על משפטי צדקך. כתב רבינו אליהו מני זצ"ל רבו של הרי"ח הטוב, בספרו הקדוש כסא אליהו שער ד' וז"ל - ואם זיכך הוי"ה ללמוד בחכמת האמת, הנה עצה היעוצה היא שכל סדר הלימוד בנגלה תתנהג בו ביום דווקא. **אבל בלילה תלמוד בחכמת האמת, והעיקר הלימוד אחר חצות**, כי זה הלימוד צריך ישוב דעת הרבה, וכשיקוץ האדם אז דעתו מיושבת עליו יותר. גם גה הלימוד צריך הסתר והצנע, **וכל דבר שיהיה בלילה ובפרט אחר חצות יהיה נסתר יותר מן היום**. ותעשה ועד עם החברים בבית המדרש אם הוא צנוע, **או בביתך ותלמדו בכל לילה**, עד כאן לשונו. וישב ללמוד האדם בלילה תחת עץ החיים.

קראתי בכל לב עניי הוי"ה חקיך אצרה.[7] בהקדמה לשער ההקדמות מבאר הרב ז"ל - ואמנם אל יאמר אדם אלכה לי ואעסוק בחכמת הקבלה, מקודם שיעסוק בתורה במשנה ובתלמוד, כי כבר אמרו רבינו ז"ל - אל יכנס אדם לפרדס **אלא אם כן מלא כריסו בבשר ויין**, והרי זה דומה לנשמה בלתי גוף, שאין לה שכר ומעשה וחשבון, עד היותה מתקשרת בתוך הגוף, בהיותו שלם מתוקן במצות התורה בתרי"ג מצות. **וכן בהפך** בהיותו עוסק בחכמת המשנה והתלמוד בבלי, ולא ייתן חלק גם אל סודות התורה וסתריה, כי **הרי זה דומה לגוף היושב בחושך**, בלתי נשמת אדם נר הוי"ה המאירה בתוכה, **באופן שהגוף יבש בלתי שואף ממקור חיים**, אשר זהו עניין אומרו במקום אחר ההוא הנזכר לעיל וז"ל - דאילין אינון דעבדי לאורייתא יבשה, ולא בעאן לאשתדלא בחכמת הקבלה וכו'. באופן כי התלמידי חכמים העוסקים בתורה לשמה, ולא לשמו, לעשות לו שם. צריך שיעסוק בתחילה בחכמת המקרא, והמשנה, והתלמוד, כפי מה שיוכל שכלו לסבול. ואחר כך יעסוק לדעת את קונו בחכמת האמת, וכמו שציוה דוד המלך ע"ה את שלמה בנו - דע את אלה"י אביך ועבדהו. ואם האיש הזה יהיה כבד וקשה בענין העיון בתלמוד, מוטב לו שיניח את ידו ממנו, אחר שבחן מזלו בחכמה זאת, ויעסוק בחכמת האמת. וזה שמבואר כל תלמיד חכם שאינו רואה סימן יפה בתלמוד בחמשה שנים, שוב אינו רואה, עד כאן דברי קודשו. ומזה כל אחד ואחד חייב להדבק במקור החיים.

חסדך הוי"ה מלאה הארץ חקיך למדני. בשער הגלגולים, בקדמה ט"ז כתב הרב ז"ל - עוד צריך שתדע, כי האדם צריך לקיים כל התרי"ג מצות, במעשה, ובדבור, ובמחשבה. וכמו שאמרו ז"ל על פסוק - זאת התורה לעולה ולמנחה וכו', כל העוסק בפרשת עולה, כאלו הקריב עולה וכו'. וכוונו בזה שהאדם מחוייב לקיים כל התרי"ג מצות בדבור, וכן על דרך זה במחשבה. ואם לא קיים כל התרי"ג בשלשה בחינות הנזכרות, מחוייב להתגלגל עד שישלים אותם. **עוד דע**, כי האדם מחיוב לעסוק בתורה בארבעה מדרגות, **שסימנם פרד"ס**, והם, פשט, רמז, דרוש, סוד וצריך שיתגלגל עד שישלים אותם. ובהקדמה י"ז כותב הרב ז"ל - שהאדם **מחוייב לעסוק בתורה בארבעה מדרגות שבה**, והיא זאת, דע, כי כללות כל הנשמות

הם ששים רבוא ולא יותר. והנה התורה היא שרש נשמות ישראל, כי ממנה חוצבו, ובה נשרשו. ולכן יש בתורה ששים רבוא פירושים, וכלם כפי הפשט. וששים רבוא ברמז. וששים רבוא בדרש. **וששים רבוא בסוד.** ונמצא, כי מכל פירוש מן הששים רבוא פרושים, ממנו נתהווה נשמה אחת של ישראל, ולעתיד לבא כל אחד ואחד מישראל, ישיג לדעת כל התורה כפי אותו הפירוש המכוון עם שרש נשמתו, אשר על ידי הפירוש ההוא נברא ונתהווה כנזכר. וכן בגן עדן אחר פטירת האדם, ישיג כל זה. וכן בכל לילה כאשר האדם ישן, ומפקיד נשמתו ויוצאה ועולה למעלה, הנה מי שזוכה לעלות למעלה, מלמדים לו שם אותו הפירוש, שבו תלוי שרש נשמתו. ואמנם הכל כפי מעשיו ביום ההוא, כך באותה הלילה ילמדוהו, פסוק אחד, או פרשה פלונית, כי אז מאיר בו יותר פסוק ההוא משאר הימים. ובלילה האחרת יאיר בנשמתו פסוק אחר, כפי מעשיו של אותו היום, וכולם על דרך הפירוש ההוא אשר תלויה בו שרש נשמתו כנזכר, עד כאן דברי קודשו. ור"ל שכל יהודי ויהודי חייב להשיג את שורש נשמתו, וללמוד את סוד ה**חיים.**

יבאוני רחמיך ואחיה כי תורתך שעשעי. מבואר במדרש משלי - אמר רבי ישמעאל, בא וראה כמה קשה יום הדין שעתיד הקדוש ברוך הוא לדון את כל העולם כולו בעמק יהושפט. בזמן שתלמידי חכמים באים לפניו, אומר לכל אחד מהם - כלום עסקת בתורה, אמר לו הן, אומר לו הקדוש ברוך הוא הואיל והודית, אמור לפני מה שקרית, ומה ששנית בישיבה, ומה ששמעת בישיבה. מכאן אמרו - כל מה שקרא אדם יהא תפוש בידו, ומה ששנה כמו כן, שלא תשיגהו בושה ליום הדין. מכאן היה רבי ישמעאל אומר - אוי הלה לאותה בושה, אוי לה לאותה כלימה, ועל זה ביקש דוד מלך ישראל בתפילה ובתחנונים לפני המקום ואמר - הוי"ה בוקר תשמע קולי בוקר אערך לך ואצפה. בא לפניו מי שיש בידו מקרא ואין בידו משנה, הקדוש ברוך הוא הופך את פניו ממנו, ושרי גיהנם מתגברים בו כזאבי ערב, ונוטלין אותו ומשליכין אותו לתוכה. בא לפניו מי שיש בידו שני סדרים או שלושה, אז הקדוש ברוך הוא אומר לו - בני, כל ההלכות למה לא שנית אותם, ואם אומר הקדוש ברוך הוא הניחהו, מוטב, ואם לאו עושין לו כמידת הראשון. בא לפניו מי שיש בידו הלכות, הקדוש ברוך הוא אומר לו - בני, תורת כהנים למה לא שנית, שיש בה טומאה וטהרה, וטומאת שרצים וטהרת שרצים, טומאת נגעים וטהרת נגעים, טומאת נתקים ובתים וטהרת נתקים ובתים, טומאת זבים ולידה וטהרת זבים ולידה, טומאת מצורע וטהרתו, סדר ווידוי יום הכיפורים, וגזירות שוות, ודיני ערכים, וכל דין שדנו ישראל לא דנו אלא מתוכו. בא לפניו מי שיש בידו תורת כהנים, אומר לו הקדוש ברוך הוא - בני, חמישה חומשי תורה למה לא שנית, שיש בהם קריאת שמע, ותפילין, ומזוזה. בא לפניו מי שיש בידו חמישה חומשי תורה, אומר לו - בני, למה לא למדת הגדה, ולא שנית, שבשעה שחכם יושב ודורש, אני מוחל ומכפר עוונותיהם של ישראל, ולא עוד אלא בשעה שעונין אמן יהא שמיה רבה מברך, אפילו נחתם גזר דינם אני מוחל ומכפר להם עוונותיהם. בא לפניו מי שיש בידו הגדה, אומר לו הקדוש ברוך הוא - בני, תלמוד למה לא שנית, שנאמר - כל הנחלים הולכים אל הים והים איננו מלא, זה התלמוד, שיש בו חכמות הרבה. בא מי שיש בידו תלמוד, הקדוש ברוך הוא אומר לו - בני, הואיל ונתעסקת בתלמוד, **צפית במרכבה, צפית בגאוה,** שאין הנייה בעולמי, אלא בשעה שתלמידי חכמים יושבים ועוסקים בתורה, מציצין ומביטין ורואין והוגין המון התלמוד הזה - **כסא כבודי היאך הוא עומד. רגל הראשונה במה היא משמשת, שנייה במה היא משמשת, שלישית במה היא משמשת, רביעית במה היא משמשת, חשמל היאך הוא עומד, ובכמה פנים הוא מתהפך בשעה**

אחת, לאי זה רוח הוא משמש, הברק היאך הוא עומד, כמה פנים של זוהר נראין בין כתפיו, לאיזה רוח הוא משמש, כרוב היאך הוא עומד, לאי זה רוח הוא משמש. גדולה מכולם עיון כיסא הכבוד, היאך הוא עומד, עגול הוא כמין מלבן, ומתוקן הוא, כמה גשרים יש בו, כמה הפסק בין גשר לגשר, וכשאני עובר באיזה גשר אני עובר, ובאי זה גשר האופנים עוברים, ובאיזה גשר הגלגלים עוברים. גדולה מכולם מצפורני ועד קודקודי, היאך אני עומד, כמה שיעור בפיסת ידי, וכמה שיעור אצבעות רגלי. גדולה מכולם כיסא כבודי, היאך הוא עומד, לאיזה רוח הוא משמש, באחד בשבת לאיזה רוח הוא משמש, בשני בשבת לאיזה רוח הוא משמש, בשלישי בשבת לאיזה רוח הוא משמש, ברביעי בשבת, בחמישי בשבת, בששי בשבת לאיזה רוח משמשין, וכי לא זהו הדרי, זהו גדולתי, זהו הדר יופי, שבני מכירין את כבודי במידה הזאת. ועליו אמר דוד - מה רבו מעשיך הוי"ה, כולם בחכמה עשית, מלאה הארץ קנייניך. עד כאן לשון המדרש. ממדרש זה לומדים על חובת כל אחד ואחד מישראל את לימוד כל חלקי הפרד"ס, ובעיקר את בחינת הסוד שבתורה, הנקרא[8] מעשה מרכבה, ומעשה בראשית. ומבאר הרב בית לחם יהודה על השינוי שיש בפסוקים במעמד הר סיני, בפסוק אחד כתוב - ויחן שם **ישראל** תחת ההר. ומספר פסוקים יותר מאוחר כתוב וירא **העם** וינועו מרחק. וידוע כי כאשר כתוב בתורה **ישראל**, מדובר **בבני ישראל**, וכאשר כתוב **העם**, מדובר על **הערב רב**. וז"ל הרב בית לחם יהודה - ובזוהר בהעלותך דף קנ"ב ע"א קרי להעוסקים בחכמת האמת, אינון דהוי קיימי בטורא דסיני. וז"ל - חכמין עבדי דמלכא עלאה אינון דקיימו בטורא דסיני, לא מסתכלי אלא בנשמתא, דאיהי עיקרא דכלא אורייתא ממש וכו'. ונראה בעיני אם מותר, משמע אותן שאינן יודעים סודות התורה לא עמדו על הר סיני, עד כאן לשונו. ונראה לי בביאור כוונתו כי בתחלה כשיצאו ישראל לקראת האלהי"ם, היו מתיצבים בתחתית ההר, ואחר כך נאמר וירא העם וינועו ויעמדו מרחוק, כי היו יראים פן תאכלם האש הגדולה הזאת וימיתו. והיה מקצת מהעם שהיו ששים ושמחים לקראת השכינה, ולא רצו לזוז ממקומם הראשון, ולעמוד מרחוק, אפילו אם ימיתו ממש. ועליהם הוא מה שכתב בזוהר הנזכר - אינון דקיימו בטורא דסיני, כלומר ולא נעו ועמדו מרחוק, אלא עמדו בטורא דסיני מתחלה ועד סוף, ולכן הם זוכים לחכמת האמת. ואותם הנשמות אשר נעו עם העם ועמדו מרחוק, כן הם עושים גם עתה, שנסים ועומדים מרחוק לחכמת האמת מיראתם, פן תאכלם האש הגדולה הזאת. ולכן על כל אחד ואחד מבני ישראל הקדושים מחויב לעמוד תחת עץ החיים.

יראיך יראוני וישמחו כי לדברך יחלתי. בספר הזוהר הקדוש מבואר מדוע התפילות של בני ישראל לא נענות, וז"ל תיקוני הזוהר תיקון מ"ג - **בראשית תמן את"ר יב"ש** במלת בראשית יש אותיות את"ר יב"ש, **ודא איהו ונהר יחרב ויבש** היסוד הנקרא נהר יחרב ויבש ממי השפע, ואין לו מה להשפיע למלכות, **בההוא זמנא דאיהו יבש** באותו הזמן שהיסוד הוא יבש, **ואיהי יבשה** המלכות הנקראת יבשה, היא יבשה כי לא מקבלת שפע מהיסוד, אז כאשר **צווחין בניו לתתא** מתפללים וצועקים בני ישראל, **ביחודא ואמרין** וביחוד שאומרים בני ישראל **שמע ישראל** שיבא ז"א הנקרא ישראל להתיחד עם נוקבא בשעת התפילה דעמידה, עם כל זאת **ואין קול** של התפילה או הקריאת שמע שעוזרים לזיווג דזו"ן **ואין עונה** ואין מי שיענה וימלא את הבקשות בתפילתם. **הדא הוא דכתיב** וזהו שכתוב - **אז בני ישראל יקראונני**

בני ישראל בעת צרתם בקריאת שמע ובתפילה, **ולא אענה** ואני לא אענה אותם בתפלתם, מפני שלא לומדים ומתעסקים בפנימיות התורה. **והכי מאן דגרים דאסתלק** וכל מי שגורם הסלקות פנימיות תורת הקבלה **וחכמתא מאורייתא דבעל פה ומאורייתא דבכתב** מהתורה שבעל פה והתורה שבכתב, **וגרים דלא ישתדלון בהון** וגורמים גם לאחרים שלא יתעסקו וילמדו את חכמת הקבלה, **ואמרין דלא אית אלא פשט באורייתא ובתלמודא** ואומרים שאין בתורה ובתלמוד אלא פשט התורה, בלי פנימיות הסוד, **בודאי כאלו הוא יסלק נביעו מההוא נהר** בודאי נחשב לו כאילו הוא מסתלק את נביעת שפע החכמה והבינה מן היסוד, **ומההוא גן** ומן הנוקבא הנקראת גן, **ווי ליה** לאותו יהודי **טב ליה דלא אתברי בעלמא** טוב לו שלא היה נברא, **ולא יוליף ההיא אורייתא דבכתב ואורייתא דבעל פה** ולא היה לומד תורה שבכתב ותורה שבעל פה, כי דינו כעם הארץ שלא למד כלל, ועוד **דאתחשב ליה כאלו אחזר עלמא לתהו ובהו** שנחשב לו כאילו החזיר את העולם לתהו ובהו, ר"ל לסוד שבירת הכלים לפי שמגביר הקליפות כאשר הנהר והגן יבשים, **וגרים עניותא בעלמא ואורך גלותא** וגורם עניות בעולם ומאריך את הגלות השכינה וביאת המשיח. עד כאן דברי הזוהר הקדוש. וכותב רב חיים ויטאל זלה"ה בהקדמה וז"ל - אמנם שעשועות של הקדוש ברוך הוא בתורה, והיותו בורא בה את העולמו, היתה בהיותו עוסק בתורה בבחינת הנשמה הפנימית שבה, הנקרא - רזי תורה, הנקרא מעשה מרכבה, **היא חכמת הקבלה** כנודע אל היודעים, וטעם הדבר הוא להיותו עולם האצילות העליון מאד, טוב ולא רע, דלא יכיל להתערבא עמיה קליפה, ועליה אתמר - וכבודי לאחר לא אתן, כנזכר בספר התיקונין דף ס"ו תיקון י"ח, וכן בספר הזוהר בפרשת בראשית דף כ"ח ע"א עיין שם. ולכן גם התורה אשר שם [**אח"י** - בעולם האצילות] אינה רק מופשטת מכל לבושי הגופנים, מה שאין כן למטה בעולם היצירה, עולם דמטטרו"ן, הנקרא עבד טוב, והוא הנקרא עץ הדעת טוב מסטרא, ומסטרא דסמא"ל שהוא קליפין דיליה, **נקרא עבד רע**, כי התורה אשר שם, הם שית סדרי משנה **הנקראים שפחה** כנזכר לעיל, וכנזכר בפרשת בראשית שם דף כ"ז ע"א. ולכן נקראת משנה, לפי ששם יש שינויים הפוכים **טוב מסטרא דעבד טוב**, היתר, כשר, טהור. **רע מסטרא דעבד רע**, איסור, טמא, פסול. גם הוא מלשון כי מרדכי היהודי משנה למלך, שהיה שפחה הנקרא עבד מלך, מלך גם נקרא מלשון שינה, כנזכר בפרשת פינחס דף רמ"ד ע"ב - קם זמנא תנינא ואמר, מארי מתניתין נשמתין ורוחין ונפשין דילכון אתערו כען ואעברו שינתא מניכון דאיהו, ודאי משנה אורח פשט, דהאי עלמא ואנא לא אתערנא בכו, אלא ברזין עילאין דעלמא דאתי דאתון בהון, לא ינום ולא יישן. וזה יובן במה שמבואר יותר למעלה שם - **ורבנן דמתניתין ואמוראי, כל תלמודא דלהון על רזין דאורייתא סדרו ליה.** ונמצא כי המשנה והש"ס הם הנקרא גופי תורה. והנה דבריהם כחלום בלי פתרון, **ורזיה וסתריה הפנימים הנקרא נשמת התורה, הם הם פתרון החלום הנפתר בהקיץ**, בסוד - אני ישנה ולבי ער, וכמו[9] שאמרו חכמים ז"ל - **במחשכים הושיבני כמתי עולם, זה תלמוד בבלי**, אשר איננו מאיר אלא על ידי ספר הזוהר, **הם הם רזי תורה וסתריה** אשר עליהם נאמר - ותורה אור. ואין ספק כי כמו שהיצר נקראת עבד ושפחה בערך האצילות, ונקרא קליפין ולבושין דחול, כנזכר בהקדמת ספר התיקונין ד"ג ע"ב וז"ל - וביומי דחול לביש עשר כתות דמלאכיא דמשמשי לעשר ספירות דבריאה. ואם כן אין לתמוה כי התורה אשר שם שהיא המשנה, תהיה נקרא שפחה וקליפין דתורה דאצילות, וזה סוד כל הבשר חציר הנזכר

סנהדרין דכ"ד ע"א.

לעיל במאמר הראשון, כי כמו שהחטה שהיא בגימטריא כמנין כ"ב אותיות התורה, הגנוזה תוך כמה קליפין ולבושין שהם הסובין והמורסן והתבן והקש והעשב, הנקרא חציר, כן המשנה אצל סודות התורה נקרא חציר, וזה נרמז בספר הזוהר פרשת כי תצא ברעיא מהמנא דף רע"ה ע"ב - **אצל רבנן ווי לאינון דאכלין תבן דאורייתא, ולא ידעי בסתרי אורייתא, אלא קלין וחמורין דאורייתא, קלין אינון תבן דאורייתא, וחמורין אינון חטה דאורייתא, ח"ו ט ה' אלנא דטוב ורע וכו'**. ואלו באתי להרחיב דרוש זה לא יספיקו מאה קונטרסין בלי ספק בלי שום גוזמא, האמנם החכם החכם עיניו בראשו כי דברי אמת אני אומר, ואל יתמה האדם בראותו ספר הזוהר איך קורא אל המשנה שפחה וקליפין, כי עסק המשנה כפי פשטיה, **אין ספק שהם לבושין וקליפין חיצונים בתכלית אצל סודות התורה הנגנזים**, ונרמזים בפנימיותה כי כל פשטיה הם בעלם הזה בדברים חומרים תחתונים..... על כן על כל בני ישראל לאכול מעץ החיים.

מה אהבתי תורתך כל היום היא שיחתי. ומבאר הרב ז"ל בהקדמה לשער המצות, כי עסק לימוד פנימיות התורה הוא חלק בלתי נפרד מתלמוד תורה, וז"ל - גם בענין עסק התורה שהיא אחת מרמ"ח מצות עשה, אם לא השלים אותה, **שהוא ענין עסקו בפרד"ס התורה**, שהוא ראשי תיבות **פשט רמז דרש סוד**, בכל בחינה מהם כפי אשר יוכל להשיג, **עד מקום שידו מגעת**, לטרוח ולעשות לו רב שילמדנו. ואם לא עשה כן, הרי חסר מצוה אחת של תלמוד תורה, שהיא גדולה ושקולה ככל המצות, וצריך **להתגלגל** עד שיטרח הארבעה בחינות של פרד"ס כנזכר. וכן מבאר הרב בית לחם יהודה בהקדמתו הקדושה, וז"ל - ומה מאד נמלצו **[אח"י** - מלשון מליצה] בזה דברי הנביא ירמיה)סימן כ"ב(באומרו - אל תבכו למת וכו'. שהוא מדבר עם הציבור המתקבצים להספיד על איזה צדיק הנפטר רח"ל, על שנחסר צדיק אחד מהדור שהיה מנין בזכותו עליהם. וקאמר להו הנביא אל תבכו וכו', **לפי שרובם של צדיקים אינם זוכים לעסוק בכל ארבעה חלקי הפרד"ס, ואם כן מוכרחים הם לחזור ולבוא בגלגול כדי להשלים לימודם בארבעה חלקים**, כי אפילו הוא עסק בשלוש חלקי הפרד"ס, לא יצא ידי חובתו, ועליו נאמר הן כל אלה יפעל א"ל פעמים שלש עם גבר, להחזירו בגלגול. ואם כן הויא פסידא דהדרא. ואפשר שבו ביום שנפטר הוא חוזר ומתגלגל, כנזכר בזוהר ריש פרשת אמור, יעו"ש. ואם כן אין לכם פסידא כל כך. אמנם בכו בכו להלך, לאותו צדיק שכבר עסק בארבעה חלקי הפרד"ס. כי תיבת להלך היא חסר ו', ואם תחשוב תיבת להלך ארבעה פעמים עם ארבעה הכוללים, שהם כנגד ארבעה חלקי הפרד"ס, הם בגימטריא פרד"ס. **שזה הצדיק לא ישוב עוד וראה את ארץ מולדתו, כי על ארבעה לא אשיבנו.** שזהו פסידא דלא הדרא באמת, ונחסר לגמרי מן העולם הזה, עד כאן לשונו. ולכן חובה על כל אדם לעסוק בכל חלקי הפרד"ס, ובפרט בחלק הסוד, הנקרא פנימיות התורה, כמבואר בזוהר הקדוש כמובא בזוהר הקדוש פרשת נשא דף קכ"ד - **בהאי חבורא דילך דאיהו ספר הזוהר יפקון ביה מן גלותא ברחמי**, בזכות הלימוד בספר הזוהר הקדוש, יצאו בני ישראל מהגלות **ברחמים**. ועוד כל מי שהשקה נפשו ללמוד, אסור למנוע זאת ממנו, בסוד הפסוק[10] - אל תמנע טוב מבעליו, ועל כל אדם להיכנס לפרד"ס החיים.

משלי ג' כ"ז – אל תמנע טוב מבעליו בהיות לאל ידך לעשות.

אשרי האיש אשר לא הלך בעצת רשעים ובדרך חטאים לא עמד ובמושב לצים לא ישב. דע כי יהיו הרבה אנשים רשעים, שינסו למנוע מבני ישראל הקדושים ללמוד בכללות תורה, ובפרט את תורת הקבלה, מכל מיני סיבות ומניעות, והשטן מדבר מגרונם של אלו הרשעים. ואלו דברי קודשו של בעל שבט מוסר רבינו אליהו הכהן האתמרי זצלה"ה - ובהביטך בן אדם מה שעבר על אחרים למה תרדוף אתה אחר כל אלה הדברים הזרים, להשביע נפש מרורים ולמוסרה ביד צרים המה המקטרגים הצוררים, ולמה לא תחמול על נפשך ועל נועם תבנית צלם גופך למוסרו בידן ולהשליכו בתוך גחלי רתמים בטיט היון של גיהנם, להשחירו ולהתיכו כאשר ניתך הזפת בפני האש, אשר על כן תן עצה אתה בנפשך **לברור בדרך החיים בעסק התורה והמצות,** וגם להצטער עצמך זמן קצוב הם חיי עולם הזה, כדי שתתענג זמן רב בלתי סוף ותכלית, ואל יעלה על דעתך כאשר עלה בדעת הרבה שנאבדו בידם באומרם כיון שמכיר אני בעצמי שאין בדעתי להבין ולהשכיל, איני עוסק בתורה, טועה הוא בדבר, שהרי הוא מחוייב לעשות מה שנצטוה לעשות, ואם יבין יבין, **שהרי והגית בו יומם ולילה כתיב** ולא כתיב ותבין בו, וכן תמצא בדברי התנא אם למדת תורה הרבה נותנין לך שכר הרבה, ואינו אומר אם הבנת הרבה, אלא למדת הרבה אמרו, ותשתדל להבין ואם תבין תבין, ואם לא שכר לימודך בידך, וכמאמר התנא לפום צערא אגרא, ומה גם שאמרו האדם איני לומד מפני שאיני מבין, **הוא פיתוי היצר,** יתמיד בלימודו וסוף הבינה לבא, שבראות קדוש ברוך הוא **חשקו בתורתו ודבקותו בה, פותח לו מעייני החכמה,** דכתיב - כי הוי"ה יתן חכמה מפיו דעת ותבונה. והנני מוסר לך דבר אשר תרדוף אחריה, ויהיה חיים לנפשך וענקים לגרגרותיך, **לעולם יהיה עיקר לימודך בדבר של תורה שליבך חפץ יותר,** אם בגמרא גמרא, ואם בדרוש דרוש, ואם ברמז רמז, **ואם בקבלה קבלה,** ורמז לדבר כי אם בתורת הוי"ה חפצו, כלומר תורת הוי"ה תלויה בדבר שלבו חפץ לעסוק, וכמו שמבאר האר"י זלה"ה בספר דרושי הנשמות והגלגולים פרק שלישי, וז"ל - יש בני אדם שכל חפצם ועסקם בפשטי התורה, ויש שעסקם בדרוש, ויש ברמז, ויש גם כן בגימטריות, **ויש בדרך האמת,** הכל כפי מה שעליו נתגלגל בפעם ההוא, כיון שהשלים פעם אחרת בשאר העניינים, אין צורך לו שבכל גלגול יעסוק בכולם, עד כאן לשונו. **ואל תביט ותשגיח לדברי המתנגדים על מה שחשקת לעסוק בתורה** בגמרא או בפשט או בדרוש וכו', באומרם לך למה אתה מוציא כל ימיך בפרט זה של תורה ולא בפרט זה, משום שעל מה שחשקת ללמוד, על דבר זה באת לעולם, ואם תשים דעתך לדבריהם, יכריחוך להתגלגל בזה העולם פעם אחרת ולעבור נפשך בחרב חדה של מלאך המות ולטעום טעם מיתה, ולכן לא תשמע לדברי המשחית נפשך, **כי דע שהשטן מתלבש באלו האנשים לדאוג ולהצטער ולהכאיב נפש הלומד ועוסק בתורה,** בחלק שֶׁאָנְתָּה נפשו לעסוק, כדי להבדילו משם שלא ישלים נפשו, על מה שבא להשלימה, ולהכריחו גלגולים אחרים, וכשם שבדבר שחושק יותר האדם ללמוד, משם יבין שעל דבר זה נתגלגל להשלים, כך צריך האדם שידע שורש נשמתו ומהיכן נמשך ועל מה בא לתקן ולהשלים, כמו שאמר בזוהר שיר השירים על הגידה לי את שאהבה נפשי וכו'. **וכדי שיבין יראה באיזה מצוה תקיף יצרו יותר לבטלה יתחזק בה לקיימה, כי בוודאי על מצוה זו נתגלגל,** וכדי שלא ישלים חוקו מנגדו יצרו לבטלה להוציאו מן העולם בידיים ריקניות... ולכן לא תשמע לדברי רשעים אלו, אלא תשמע לדברי חיים.

חבר אני לכל אשר יראוך ולשמרי פקודיך. בסוף[11] עץ חיים מובא מספר כללים למהרח"ו, וז"ל - להאר"י זלה"ה. הרמב"ן וחבריו ודברי ראשונים כמו רבי נחוניא בן הקנה לא הזכירו רק עשר ספירות, ולא גילו עניני פרצוף כלל. **ודע שהרמב"ן והראשונים היו יודעים בפרצוף**, אלא שדברו בהעלם גדול, לרוב הגלות שלא ניתן רשות לגלות, ולהתפשט האורות הגדולים, מאחר שגברו הקליפות, וכל זר לא יאכל קדש. **אמנם בעקבות משיחא כמו בדורינו זה התחילו האורות להתפשט להיות כבראשונה**, כמו שהיה בזמן העולם מתוקן ולהתתקן מעט. ומתחלה היו האורות סתומים, היה העולם מקולקל, וכל מה שנתקלקל נסתם בגלות, ולא היו משיגין אלא עשר ספירות בסתום, בסוד הנקודות, כל אחד כלול מעשר, ובענין הפרצופים לא נתגלה להם כלל, לפי שמצאו בדברי הראשונים סתומים, ולא ידעו עומק הדברים, וחשבו שכך הוא ודברו בעשר ספירות כל אחד כלול מעשר ובחינות הרבה, ולפי שראיתי מי שחולק על דברים אלו לאמור שלא מצינו אלא עשר ספירות, ומהיכן יש לשלוט כח לאמור כמה פרצופים שנמצא יותר מעשר ספירות, ומספר רב והלא הראשונים כתבו בספר יצירה - עשר ולא תשע, עשר ולא י"א, לזה באתי לפתוח לך כחודא דמחטא, אולי תזכה להבין מקצת, וכולו לא תשורנו עין, וזהו. ובהקדמתו[12] הקדושה כותב הרב ז"ל - והנה אין בכל דור ודור שלא נמצאו בו אנשים יחידי סגולה ששרתה עליהם רוח הקודש, והיה אליהו הנביא ז"ל נגלה עליהם, **ומלמד אותם סתרי החכמה הזאת**, וכמו שנמצא כתוב בספרי המקובלים, גם בעל ספר הרקנטי כתב בפרשת נשא בפרשת ברכת כהנים..... ואנשי לבב שמעו לי, אל יהרסו אל הוי"ה, **לראות בספרי האחרונים הבנויים על פי השכל האנושי**, ושומע לי ישכון בטח ושאנן מפחד רעה. ולכן אני הכותב הצעיר חיים וויטאל, רציתי לזכות את הרבים **בהעלם נמרץ והמשכילים יבינו**, וקראתי שם החבור הזה על שמי **ספר עץ חיים**, וגם על שם החכמה הזאת העצומה, חכמת הזוהר, הנקרא עץ חיים, ולא עץ הדעת כנזכר לעיל, בעבור כי בחכמה הזאת טועמיה חיים זכו, ויזכו לארצות החיים הנצחיים, **ומעץ החיים הזה ממנו תאכל, ואכל וחי לעולם**. ואשכילך ואורך דרך זו תלך דע מן היום אשר מורי זלה"ה החל לגלות זאת החכמה, **לא זזה ידי מתוך אפילו רגע אחד**, וכל אשר תמצא כתוב באיזה קונטריסים על שמו ז"ל, ויהיה מנגד מה שכתבתי בספר הזה, **טעות גמור הוא, כי לא הבינו דבריו, ואם יש בהם איזה תוספות שאינו חולק עם ספריינו זה, אל תשית לבך בקבע אליו, כי שום אחד מהשומעים את דברי קדשו, לא ירדו לעומק דבריו וכוונתו, ולא הבינום**, בלי שום ספק. ואם יעלה בדעתך לחשוב שתוכל לברור הטוב ולהניח הרע, אל בינתך אל תשען, כי אין הדברים האלו מסורים אל לב האדם כפי שכל אנושי, והסברא בהם סכנה עצומה, ויחשב בכלל קוצץ בנטיעות חס ושלום, לכן הזהרתיך ואל תסתכל בשום קונטרסים הנכתבים בשם מורי זלה"ה, זולתי במה שכתבנו לך בספר הזה, **ודי לך בהתראה זאת**, אלו הם דברי קדשו. ועלינו ללמוד אך ורק בתורת מורינו חיים.

אני קראתיך כי תענני אל הט אזנך לי שמע אמרתי. עוד כתב הרב ז"ל בהקדמתו תנאים כדי לזכות לחכמה הקדושה הזאת, וז"ל - אני הכותב משביע בשמו הגדול יתברך, לכל מי שיפלו

---

[11]

ע"ח ח"ב דקי"ט ע"א.

[12]

ע"ח ד"ד ע"ב.

הקונרטסים אלו לידו, שיקרא הקדמה זאת, ואם אותה נפשו לבוא בחדרת החחכמה זאת, יקבל עליו לגמור ולקיים כל מה שאכתוב עליו יוצר בראשית, שלא יבוא אליו היזק בגופו ונפשו, ובכל אשר לו, ולא לאחרים. תחת רודפו טוב והבא לטהר ולקרב. **ראשית הכל יראת הוי"ה, להשיג יראת העונש, כי יראת הרוממות, שהוא יראה הפנימית, לא ישיגוהו רק מתוך גדלות החחכמה**, ועיקר מגמתו בידיעה הזה יהיה לבער קוצים מן הכרם, כי לכן נקראים העוסקים בחכמה הזאת מחצדי חקלא. **ובודאי שיתעוררו הקליפות נגדו לפתותו ולהחטיאו, לכן יזהר שלא לבוא לידי חטא אפילו שוגג**, שלא יהיה להם שייכות בו, לכן צריך ליזהר מהקלות, כי הקדוש ברוך הוא   מדרדק עם הצדיקים כחוט השערה, לכן צריך לפרוש עצמו מבשר ויין כל ימות השבוע, **וצריך הזהרת סור מרע ועשה טוב**, ובקש שלום. בקש שלום צריך להיות רודף שלום, ולא להקפיד בביתו על דבר קטן וגדול, וכל שכן שלא יכעוס ח"ו.

וצריך להתרחק בתכלית הריחוק סור מרע.

א. ליזהר בכל דקדוקי מצות, ואפילו בדברי חכמים, שהם בכלל לא תסור.

ב. לתקן המעוות קודם שיבא לעולם הבא.

ג. יזהר מהכעס, אפילו בשעה שמוכיח את בניו, לא יכעוס כלל ועיקר.

ד. גם צריך ליזהר מהגאוה, ובפרט בענין הלכה, כי גדול כחה והגאוה, בזה עון פלילי.

ה. בכל צער שיבא לו, יפשפש במעשיו וישוב אל הוי"ה.

ו. גם יטבול בעת הצורך לו.

ז. גם יקדש את עצמו בתשמיש המטה שלא יהנה.

ח. שלא יעבור כל לילה ויחשוב בכל לילה מה שעשה ביום, ויתודה.

ט. גם ימעט בעסקיו ואם אין לו פרנסה כי אם על ידי משא ומתן, יכין יום שלישי ויום רביעי, מחצי היום ואילך, ובכוונה שהוא לעבודת קונו.

י. כל דבור שאינו של מצוה והכרחי, יהיה זהיר ממנו, ואפילו דבר מצוה ימנע בשעת התפלה.

ועשה טוב

א. לקום בחצי הלילה, ולעשות הסדר בשק ואפר ובכי גדול, ובכוונה כל אשר יוציא בשפתיו. ואחר כך יעסוק בתורה כל זמן שיוכל להיות בלי שינה, ובלבד שחצי שעה קודם עלות השחר יתעורר לעסוק בתורה.

ב. ילך לבית הכנסת קודם עלות השחר, קודם חיוב טלית ותפילין, להיזהר שיהיה מעשרה ראשונים.

ג. קודם שיכנס, ישים אל לבו מצות עשה ואהבת לרעך כמוך, ואחר כך יכנס.

ד. להשלים רמז צדיק בכל יום. שהוא צ' אמנים, ד' קדושות, י' קדישים, ק' ברכות.

ה. שלא להסיח דעתו מהתפילין בעת התפילה, זולת בעת העמידה ועסק התורה.

ו. צריך שיהיה עוסק בתורה, מעוטף בטלית ותפילין.

ז. לכוין בתפלה הכוונות, כמו שנבאר בע"ה.

ח. שישים תמיד נגד עיניו שם בן ארבעה אותיות הוי"ה, ויזדעזע ממנו, כמו שכתוב - שויתי הוי"ה לנגדי תמיד.

ט. שיכוין בכל הברכות, בפרט בברכת הנהנין.

י. צריך שיהיה עמל בתורה פרד"ס, שנאמר או יחזיק במעוזי, ואל יחשוב שיגלו לו רזי התורה בהיותו ריק, כדכתיב - יהב חכמתא לחכימין, וצריך ליזהר שלא יוציא בשפתיו בחכמה זו, מה שלא שמע מאדם שראוי לסמוך עליו, וכאזהרת רשב"י וחבריו. השגת החכמה תנאי הראשון, צריך למעט דבורו, ולשתוק, כל מה שיוכל כדי שלא להוציא שיחה בטילה, כמאמר רז"ל - סייג לחכמה שתיקה. גם תנאי אחר, על כל דבר תורה שלא תבינהו, תבכה עליו כל מה שתוכל. גם עלית הנשמה בלילה לעולם העליון, שלא תשוט בהבלי העולם, תלוי שתישן בבכיה. ומרת עצבות מגונה עד מאוד, ובפרט להשיג להשיג חכמה, והשגה אין לך דבר מונע השגה יותר מזה. גם בעניין השגת האדם, אין לך דבר שמועיל כמו הטהרה והטבילה, שיהיה האדם טהור, בכל עת ומורי זלה"ה עם היות שהיה לו חולי השבר שהקור מזיק לו, עם כל זה לא היה מונע מלטבול בכל עת, עד כאן דברי קודשו. ועלינו לקיים את בקשת הרב ז"ל את הבחינות של[13] סור מרע ועשה טוב, כדי לטפס בעץ החיים.

מרן הרש"ש[14] מעיד על עצמו, וז"ל - וראיתי מה שכתבו מעלת כבוד תורתם, על ענין עבודת הוי"ה שקצרתי במקום שהיה ראוי להרחיב מעט הדיבור, אמת הוא כי לכתחילה קצרתי בו, **יען ראיתי כמה מהנזק יצא ממה שכתבו בזה המקובלים שקדמו, כי רבים חללים הפילו, וחלול כבוד הוי"ה, וכבוד התורה. הוי"ה יכפר בעדם, כי כל דבריהם לא על פי התורה הם, ואינם מיוסדים על האמת, ומהם יצאו אבות, ומאבות תולדות הריסת יסודי התורה הוי"ה, הוי"ה יכפר. וכל זה לא שלמדתי בדבריהם ח"ו, אלא שפעם אחת הוכרחתי** בעל כרחי לעיין בדף אחד שכתוב בו קצור מה שכתבו בענין זה, **וכמעט שקרעתי בגדי לראות דברים אשר לא כן על הוי"ה.** הוי"ה יכפר, וכבר מילתי אמורה להם, **כי עידי בשמים כי כל עסקי ולמודי, אינו רק בדברי האר"י זלה"ה, ותלמידו מהרח"ו ז"ל לבדם, ובלעדם אין לי עסק בשום ספר מספרי המקובלים ראשונים ואחרונים, ואפילו בדברי שאר תלמידי האר"י ז"ל לא למדתי, וכשיזדמן לפני דבר מדבריהם, אני מדלגו.** כי על כן איני כמזהיר, אלא כמזכיר, למען הוי"ה אל יהי לכם מגע יד בדבריהם, ובפרט בענין זה, השמרו לכם פן יפתה לכם בלבבכם, **אלא כל לימודם לא יהיה אלא בעץ חיים ובספר מבוא שערים ובשמונה שערים המפורסמים,** שכולם דברי אלהי"ם חיים. ואני קצרתי בענין זה כל מה שאפשר, כי יראתי פן יפלו דפים אלו ביד מי שעדיין לא למד דברי האר"י ז"ל כראוי, **ויחשידני שלמדתי בספרים אחרים, ולא כן הוא כאמור,** ולכן קצרתי בו, ופיזרתי בהקדמה, עד כאן דברי קודשו של מרן הרש"ש. ואנחנו תפילה שיתגלה משיח צדיקנו במהרה בימינו, ומלאה[15] הארץ דעה את הוי"ה כמים לים מכסים, דעת תורת החיים.

---

[13]

תהלים ל"ד ט"ו – סור מרע ועשה טוב בקש שלום ורדפהו.

[14]

נהר שלום דף ל"ד ע"א.

[15]

ישעיהו י"א ט' – לא ירעו ולא ישחיתו בכל הר קדשי כי מלאה הארץ דעה את הוי"ה כמים לים מכסים.

כתב רבינו גאון הקבלה רבי אליהו מני, רבו של הרי"ח הטוב, רבי יוסף חיים בעל הספר "בן איש חי", בספרו הקדוש **כסא אליהו** כי על הלומד ללמוד כל מאמר ומאמר ארבעה חמשה פעמים בלי המפרשים, וינסה להבין את המאמר בעצמו. ואחר כך ילך לראות אם כיוון לדעת המפרשים.

וכן אני הקטן מבקש בכל לשון של בקשה, ללמוד את הדרוש כמו שהוא מובא בספר עץ חיים, ארבעה חמישה פעמים, כדי לנסות להבין את הדרוש. וכל דרוש מובא בתחילת הספר במלואו.

אחר כך יכנס ללמוד את הדרוש עם ביאור הדברים, עוד ארבעה חמישה פעמים, ואחר כך יראה את המקורות להגהות, ודברי רבותינו הקדושים, עם התרשימים וטבלאות.

ואז יעלה ויצליח בלימוד תורת האר"י החי".

כתב רבינו **השד"ה** רבי שאול דוויק הכהן, בהקדמת ספרו איפה שלימה, על אוצרות חיים וז"ל - וכדי שיוכל לעלות לימודו למעלה, ריח ניחוח לה'. קודם כל לימוד ימסור עצמו על קדושת ה', כי זה מועיל מאוד, כמו שכתוב בשער הכוונות דף כ"ד ע"ב, כי עתה בזמנינו בעונותינו הרבים אין יכולת לעשות זווג כתיקונו למעלה, ולסיבה זו הקץ מתארך וכו'. אמנם עם כל זה יש קצת תיקון במה שנמסור נפשינו על קידוש ה' בכל הלב, כי על ידי כן אפילו אין בנו שום מעשים טובים, והרשענו עד להפליא. הנה על ידי מסירת נפשינו להריגה, מתכפרים עונותינו כולם, ויש בנו יכולת לעלות עד אימא עילאה, כמו שאמרו חז"ל - גדולה תשובה שמגעת עד כסא הכבוד, שנאמר - שובה ישראל עד ה' וכו', עד כאן דבריו.

וזה הסדר

יקבל עליו ארבע מיתות בית דין, מארבעה אותיות הוי"ה וארבעה אותיות אדנ"י, וליחדם על ידי ארבעה אותיות אהי"ה ועל ידי עסמ"ב

סקילה	י **א** וליחדם על ידי **א**	יוד ה' ויו ה'
שרפה	ה **ד** וליחדם על ידי ה	יוד ה' ואו ה'
הרג	ו **ג** וליחדם על ידי י	יוד הא ואו הא
וחנק	ה **י** וליחדם על ידי ה	יוד הה וו הה

לְשֵׁם יִחוּד
קֻדְשָׁא בְּרִיךְ הוּא וּשְׁכִינְתֵּהּ

יאהדונהי

בִּדְחִילוּ וּרְחִימוּ   וּרְחִימוּ וּדְחִילוּ

יאההויהה   איההיוהה

לְיַחֲדָא אוֹתִיוֹת י"ה בּו"ה, בְּיִחוּדָא שְׁלִים

יהו"ה

בְּשֵׁם כָּל יִשְׂרָאֵל, לַאֲקָמָא שְׁכִינְתָּא מֵעַפְרָא, הָרֵינִי לוֹמֵד בַּסֵּפֶר קַבָּלָה פְּלוֹנִי שֶׁהוּא כְּנֶגֶד תִּפְאֶרֶת דז"א בְּעוֹלָם הָאֲצִילוּת שֶׁבּוֹ שֵׁם מ"ה כָּזֶה יוֹ"ד הֵ"א וָא"ו הֵ"א לַעֲשׂוֹת מֶרְכָּבָה. וִיהִי רָצוֹן מִלְפָנֶיךָ ה' אֱלֹהֵינוּ וֵאלֹהֵי אֲבוֹתֵינוּ שֶׁתְּזַכֵּךְ רוּחֵנוּ וְנַפְשֵׁינוּ שֶׁיְּהִי רְאוּיִם לְעוֹרֵר מַיִן תַּתָּאִין עַל יְדֵי קְרִיאַת סֵפֶר הַקַּבָּלָה הַזֹּאת. וִיהִי נֹעַם יְהֹוָה אֱלֹהֵינוּ עָלֵינוּ וּמַעֲשֵׂה יָדֵינוּ כּוֹנְנָה עָלֵינוּ וּמַעֲשֵׂה יָדֵינוּ כּוֹנְנֵהוּ.

בָּרוּךְ ה' לְעוֹלָם אָמֵן וְאָמֵן, נֵצַח, סֶלָה, וָעֶד.

הקדמה כללית וחשובה להיכל הנקודים

צריך לדעת כי היכל הנקודים, שהוא כולל את שער ה**נקודות**, שער ה**שבירה**, שער ה**תיקון**, ושער ה**מלכים**. עוסק בסוגיות שלפני התיקון, ר"ל[16] לפני שמידת הרחמים התפשטה בעולמות, והתמזגה עם מידת הדין, ונתקן העולם. לכן שער זה מבאר את בחינת הדינים, ובכל מקום שיש דין מתעוררים החיצונים. לכן רבותינו המקובלים יתייחסו בכובד ראש לסוגיות בהיכל זה יותר משאר הדרושים בספרי הרב ז"ל, עד כדי כך שהרי"ח הטוב כותב[17] שצריך ללמוד היכל זה **בשתיקה ובהרהור הלב**, עד כדי כך חשש הרי"ח הטו"ב מתגבורת הדינים. וכן[18] הוא בשער הכוונות בענין פטירת

16

ע"ח ש"ט פ"ו מ"ב דמ"ה ע"ג – ואז נברא העולם במידת הדין, ויצאה בת מתחלה, שהיא **שם ב"ן** בפנים דא"ק. ואחר כך יצאו ענפיו לחוץ, **דרך העין** מטבורו דא"ק ולמטה, ולא נתקיימו הענפים שבחוץ. עד שחזרו להזדווג והולידו בן, שהוא **שם מ"ה** בפנים ובחוץ, והוא מידת הרחמים, ונתקיים העולם, כמו שאמרו רז"ל על הפסוק - ביום עשות הוי"ה אלהי"ם ארץ ושמים, **והבן אמרם העולם**, כי מציאת העולם הם השבעה תחתונות לבד, שהם זו"ן, אלא בראשונה היו זו"ן נקבות, מצד דין, שהוא שם ב"ן. ואחר כך היו זו"ן זכרים, משם מ"ה. **כי כל מ"ה וב"ן נקרא בשם עולם.**

17

רב פעלים חלק ב', סוד ישרים סימן ה' דר"ב ע"ב – וגדולה מזו תדע כי אפילו רבינו מהרח"ו ז"ל שהיה לו נשמה גדולה מאד, וסמך רבינו האר"י ז"ל שתי ידיו עליו, ואמר לו שהוא בא לעולם הזה בעבורו לתקנו וללמדו, עם כל זאת הוא היה אומר על דרושים שגילה לו רבינו האר"י ז"ל, שלא השיג אותם אפילו ערך טיפה מן הים, כי כן כתב בספר הכוונות בדרוש ספירת העומר, דרוש י"ב דף פ"ו ע"ג על סוד אחד בענין הקטנות שגילה אותו לרבינו האר"י ז"ל, וַנענש בעבור זה, וכתב מהרח"ו וז"ל - ולכן הסוד הזה צריך להעלימו אם מפאת עצמו, ואם מפני שאין אנחנו יודעים אמיתתו אפילו טיפת גרגיר של החרדל מן הדרוש ההוא, עד כאן לשונו. ראה דברים אלו שכתב צדיק וישר ונאמן שאמר אין אנחנו יודעים אמיתתו אפילו טיפת גרגיר של חרדל, המה יורדים בחדרי בטן של אדם שיש לו מוח בקדקודו ותופס ספרי קבלה בידו, המדברים בענין קטנות ופגם, ובענין שבירה ומגע הקליפות וכיוצא, שצריך להחליט בדעתו על ענינים אלו, שהם אינם כפשוטן, והם סתומין וחתומים באלף עזקין, ויאחזנו פחד ורעדה בקריאתו בסודות התורה בכתבי רבינו האר"י ז"ל האמתיים, ויזהר שלא להוסיף או לגרוע בהם שום דבר מהמשרה השכל, ולא יעשה בהם חילוקים והמצאות שכליות כדרך שעושין בחכמת הפשט, ובכלל יזהר שלא יתמיד ללמוד בסוד השבירה והקטנות ובשערי הקליפות, **ואם יבא לפניו איזה ענין מאלה באמצע, לא יוציא הדברים מפיו, אלא ילמדם בהבטת העין בלבד**, כי שמעתי שנזהרין בכך כמה חסידים מקובלים.

18

שער הכוונות, ענין ספירת העומר דרוש י"ב דפ"ו ע"ב – האמנם כיון שלא נתקנו כל המוחין לכן אינו זווג גמור מעולה, **אמנם נקרא זווג דקטנות**, כיון שעדיין לא נגדל ז"א. ובזה יתבאר לך מאמר אחד מספר הזוהר בפרשת בשלח בדף נ"ב ע"ב בענין קריעת ים סוף, בפסוק מה תצעק אלי, ואמר שם רשב"י ע"ה - בהאי מלה לא תשאל ולא תנסה את הוי"ה. ובודאי שביאור המאמר הזה עמוק מאד, כיון שמצינו לרשב"י ע"ה שהפליג בהסתרת סודו, ואמר בהאי מלה לא תשאל. וביום שמורי ז"ל ביאר לנו המאמר הזה היינו יושבים בשדה תחת האילנות, ועבר עליו עורב אחד צועק וקורא כדרכו, ומורי ז"ל ענה ואמר אחריו ברוך דיין האמת, שאלתי את פיו ואמר לי כי כי אמר לו העורב ההוא כי לפי שגילה הסוד הזה לכל בני האדם בפרהסיא, **לכן נענש בעת ההיא בבית דין של מעלה**, וגזרו עליו שימות בנו הקטן, ותיכף הלך לביתו ובנו היה מטייל בחצר, ובאותה הלילה חלה את חליו, ומת אחר שלשה ימים רחמנא ליצלן. **ולכן ראוי לכל נפש הרואה הדברים האלו להסתירם בתכלית ההסתר**, זולת הכלל הנודע בכל החכמה הזו כי כבוד אלהי"ם הסתר דבר, ואין מקום להאריך בזה, כי הדברים נודעים, וכל מה שיסתיר האדם הסודות מלגלותם למי שאינו ראוי הוא משובח ומכובד בפמליא של מעלה. **והעושה היפך מזה מכניס עצמו בסכנה עצומה** בעולם הזה במיתת עצמו בהכרת ח"ו, ובמיתת בניו הקטנים, נוסף על עונש נשמתו בגהינם שאין קץ לעונשו, וכמו שהזכיר רשב"י ע"ה בסוף אדרא זוטא ועיין שם. והטעם שנענש מורי ז"ל בביאור מאמר זה, וכמו שהזכיר רשב"י ע"ה עצמו שאמר בהאי

הבן של רבינו האר"י, וכן[19] בפרי עץ חיים. ומביא[20] זאת הבית לחם יהודה בריש פרק א' דשער מוחין דקטנות. ולכן צריך ללמוד בשערים אלו בכובד ראש, ובזמנים הידועים כמו שבת, יום טוב, ואחרי חצות הלילה.

דע כי בכל מקום שהרב ז"ל מבאר כי המלכים דמיתו ירדו לעולם הבריאה, הכוונה[21] היא לכל עולמות בי"ע, כאשר הכלי הפנימי ירד לעולם הבריאה, הכלי האמצעי לעולם היצירה, והכלי החיצון לעולם העשיה.

מלה לא תשאל, העניין הוא כי הנה נודע כי אין החיצונים נאחזין אלא במוחין של קטנות, כי הם דינין תקיפין, ובהיותו האדם מתעסק בסודות התורה אם יהיה בעניין זמן הגדלות העליון, או בשאר דרוש חכמת האמת שהם עניינים למעלה, אין לאדם כל כך סכנה, **כמו בזמן שעוסק בסודות זמן הקטנות, כי בהתעסקו בהם הנה החיצונים מתעוררים בהם, ומתאחזין שם, ומזכירים עונותיו של האדם המתעסק בהם.**
19

פרי עץ חיים, שער חג המצות, פרק ח' – הוא סוד הנזכר בזוהר פרשת בשלח דף נ"ב עד סוף קריעת ים סוף, ואמר שם רבי שמעון בר יוחאי, בההוא מלה לא תשאל ולא תנסה וכו'. ועניין הדבר הזה, הוא סוד עמוק מאוד, והטעם הוא דע, **בכל מקום שהקטנות עליון מתעורר, הם דינין תקיפין**, אם האדם או היותר עליון שבעולם, בכל מקום שעוסק בשער האצילות לעילא ולעילא, אין לו כל כך סכנה, **כמו מי שעוסק בקטנות, כי שם נאחזים החיצונים**, ולכן בעת שהאדם עוסק בהם, **אז החיצונים מתעוררים, ומזכירין עונותיו של אדם,** ולכן בכל פעם שמורי ז"ל **היה עוסק בשום דרוש מן הקטנות, היה נענש** ואין צריך להאריך על זה. ואפילו משה רבינו, רבן של כל הנביאים, **כי פגע בסוד קטנות, שהוא סוד המטה הנהפך לנחש,** מה כתיב ביה - וינס משה מפניו, כמו שנבאר בע"ה, **כי סוד קטנות נקרא נחש,** ולכן הסוד הזה ראוי להעלימה, אף על פי שאין יודעין בו, כי אם חלק אחד מרבי רבבות שיש בו.
20

בית לחם יהודה שכ"ב, שער מוחין דקטנות פ"א דק"ז ע"ב – בע"ח כתב יד כתוב כשגילה הרב פרק זה מת בנו משה, עד כאן לשונו. ור"ל וכל אדם צריך להזהר שלא יאריך בו, וטוב שילמוד אותו **בשבת, וביום טוב, ובראש חודש, ובלילה אחר חצות.**
21

ע"ח ש"ט פ"ז מ"ז דמ"ו ע"ב – והנה כאשר יצאו כל האצילות מבחינת ב"ן לבד, והיה כולל עתיק, וא"א, ואו"א, וזו"ן. ואז יצאו תחלה כל הכלים שלהם זה תחת זה עד סיום עולם האצילות, ואחר כך יצאו אורות דב"ן כל פרטי אצילות, ויצא תחלה כתר דעתיק דאצילות, שבו נכללין כל האורות, ונתקיים, ואחר כך יצאה חכמה דעתיק בכלי שלו, ובו היו כלולים כל שאר האורות ונתקיים, ואחר כך יצאה בינה דעתיק, ובו כלולין כל שאר האורות ונתקיים, ואחר כך יצאו שבעה תחתונות דעתיק,)נ"א דדעת(הדעת למטה של כל אחד כלול בכלי שלו, ובו כלולים כל שאר האורות, והיה נשבר, **וירד פנימיות הכלי לבריאה, וחיצוניות הכלי ירד ביצירה, וחיצוניות של חיצוניות בעשייה,** ואחר כך האור ההוא נשאר בלי כלי, ושאר האורות ירדו בכלי השני של השבעה תחתונות, וגם הוא נשבר על דרך הנזכר לעיל,)נ"א נשאר ע"ד הנ"ל(והאור שלו נשאר בלי לבוש, ושאר האורות ירדו לכלי שלמטה ממנו, וכן על דרך זה עד שנגמרו שבעה תחתונות שלו, ואחר כך נכנס הכתר דאריך אנפין בכלי שלו..............

נהר שלום דכ"ד ע"ד – והנה ידוע כי מיתת המלכים היתה בזו"ן דפרטות, ר"ל בזו"ן דעתיק, ובזו"ן דא"א, ובזו"ן דאבא, ובזו"ן דאימא, ובזו"ן דז"א, ובזו"ן דנוקבא, וכל פרצוף מאלו הפרצופים כלול מכל הפרצופים הנזכרים. וזה היה בפרט האחרון דפרטי פרטות, וכמבואר לעיל בהקדמה, וזה היה בפנימיות וחיצוניות דפנימיות, ובחיצוניות ופנימיות דחיצוניות, דפנים ודאחור. **והכלים עם הרפ"ח ניצוצות דמלכים דעתיק נפלו לעתיק דבי"ע, ודא"א לא"א דבי"ע, ודאו"א לאו"א דבי"ע, ודזו"ן לזו"ן דבי"ע. באופן זה כי הכלים הפנימיים דמלכים הנזכרים נפלו לפרצופי הבריאה. והכלים האמצעיים ליצירה. וכלים החיצוניים שלהם לעשיה.** ונתבאר בשער השמות ובכמה מקומות, כי כדי לברור הכלים ושארית הרפ"ח דכל פרט, יורדים כל הפרצופים העליונים דאצילות בימי החול בסוד גלות השכינה, ומתלבשים בפרצופים שכנגדם למטה בבי"ע. עתיק דאצילות בעתיק דבי"ע, וא"א בא"א, ואו"א באו"א, וזו"ן בזו"ן. כלים פנימיים שלהם בבריאה, ואמצעיים ביצירה, וחיצוניים בעשיה. ובי"ע הנזכר מתלבשים בבי"ע דחול, וזה לצורך שארית בירורי כלים ואורות דמלכים דזו"ן דעתיק, וא"א, ואו"א, וזו"ן דאצילות שנפלו לבי"ע על סדר הנזכר. **כי הכלים הפנימים של מלכי עתיק, וא"א, ואו"א, וזו"ן דאצילות נפלו לבריאה. וכלים האמצעים של המלכים הנזכרים**

ידוע כי ג"ר נקראים פנים בערך ו"ק, והוא כי כל[22] פרצוף נחלק לג' חלקים חב"ד חג"ת נה"י, כאשר חב"ד נקראים כלים פנימיים, חג"ת כלים אמצעים, ונה"י נקראים כלים חיצוניים. גם הם נקראים[23] נר"ן, כאשר נה"י הוא בכללות נקרא נפש, חג"ת רוח, וחב"ד נשמה. הרב ז"ל מבאר[24] בכל המקומות על שבירה, מיתה, וירידת **פנים ואחור** דשבעה התחתונות דנקודים, לפי פשט הדברים נראה שחב"ד חג"ת ונה"י דמלכים נשברו ומתו לעולמות בי"ע. עם[25] כל

ליצירה. וכלים החיצוניים שלהם לעשיה, כנודע. ועל כן בימי החול יורדים הכלים דפרצופים העליונים דאצילות על דרך הנז"ל, לברר בחינותיהם שנשארו בבי"ע.

רחובות הנהר ד"ב ע"ב – ובהגיע האור לגבול האצילות, אירע בהם ענין ביטול המלכים, ונפלו הכלים פנימי אמצעי וחיצון עם אורות דרפ"ח, **לבי"ע התחתונים** דאותה הספירה.

22

ע"ח ח"ב ש"ל דרוש א' מ"ב דכ"ב ע"א – דע כי ז"א יש לו שלוש פרצופים, וכל אחד כלול מעשרה ספירות, והם זה תוך עשרה, תוך עשרה, ועשרה אחרים בפנימיות כולם. ואלו השלושה פרצופים הם כולם בחינת כלים, והם שלושים כלים, וכולם הם ביחד גוף אחד, וכלי אחד, ובתוכו יש האורות, שהם נר"ן וכו', ובהיות שלשתן יחד זה תוך זה הם שוים בקומתן, אבל לפעמים אין לז"א רק פרצוף החיצון מהם בלבד, ולפעמים שניהן, ולפעמים שלשתן. ובתחילה מתחיל הז"א להיות בו **פרצוף החיצון**, ואז הוא שיעור קומתו הוא שליש גדלותו לבד והוא **כשיעור קומת נה"י** אחר הגדלות האחרון. ואחר כך נכנס בו **פרצוף אמצעי**, ומתלבש בתוך החיצון, ואז נגדל ז"א ב' שלישי קומתו, **שהם נה"י וחג"ת**, בין בחינת פרצוף החיצון ובין פרצוף האמצעי, כי אמצעי גורם אל החיצון שיגדל כמוהו. ואחר כך נכנס בו **הפרצוף הפנימי**, ומתלבש בתוך האמצעי, ואז גם ב' הפרצופים החיצון ואמצעי נגדלים כאורך הפרצוף הפנימי, ואז נשלם ז"א כשיעור קומתו לג' הפרצופים. והוא כאלו נמשיל משל, **כי החיצון שיעור קומתו כשיעור נה"י דז"א בגדלות, והאמצעי כשיעור נה"י וחג"ת דגדלות, והפנימי כשיעור נה"י חג"ת חב"ד בגדלותו**. ולכן בבא האמצעי מגדיל את החיצון כמוהו, ובבא הפנימי מגדיל שניהן כמוהו.

ע"ח שי"ט פ"י מ"ב דצ"ה ע"ג – והנה הכלים הם שלושה, בחינת **חיצון ואמצעי ופנימי**.

ע"ח ח"ב ש"ל דרוש ב' מ"ב דכ"ז ע"א – באופן כי יש לכל פרצוף עשר ספירות, הנקרא עשר כלים, ונחלקים לשלוש חלקים, והם עשר כלים חיצוניות, מדור אל הנפש. עשר כלים אמצעים מלובשים תוך חיצוניות, והם מדור אל הרוח. ועשר כלים פנימיים מלובשים תוך הכלים אמצעים, והוא מדור אל הנשמה. והם הם שלושים כלים, אבל גובה קומתן אינם אלא עשרה, לפי שהם עשר תוך עשר, ועשר תוך עשר.

23

נהר שלום, דרוש הדעת דמ"א ע"ג – ונבאר עתה כל זה בפרטות פרצוף אחד שהוא זעיר, וממנו תקיש בכללות כל הפרצופין יחד, דע כי ז"א הוא פרצוף אחד כולל עצמות וכלים, **והכלים שבו הם נכללים בשלושה**, כי הכבד למטה, וכולל עשר מדות שהם כל האיברים, ומתלבש על ידי הורידין שבו, בכל הגוף. והלב גבוה ממנו, וכולל עשר מדות, ומתלבש תוך בחינת הכבד, על ידי הדפקים שבו, ומתפשט בכל הגוף, והמוח גבוה מכולם, וכולל עשר מדות, מתלבשים תוך בחינת הלב, על ידי הגידים, המתפשטים ממנו, ומתפשט בכל הגוף, ועל דרך זה ממש נחלק העצמות בשלושה, נשמה ורוח ונפש, מתלבשים זה בתוך זה, ומתפשטים בכל הגוף, לכן הכבד משכן הנפש, והלב משכן הרוח, והמוח משכן הנשמה.

24

ע"ח ש"ח פ"ב מ"ת ל"ו ע"ג – אמנם השבעה מלכים מתו, לפי שכליהם נעשו מהסתכלות עין בחוטם פה לבד, והיה חסר מהם אור האזן העליונה. והנה גם בג"ר עצמם יש בהם חילוק בין זו לזו, והוא)נ"א והנה(כי מן הכתר לא ירד ממנו אפילו האחוריים, אלא האחוריים של נה"י בלבד. אבל באו"א של הנקודים ירדו האחוריים שלהם לבד, ונשארו הפנים במקומם. וטעם הדבר הוא כי אלו האורות שנמשכים עד שבולת הזקן נחלקו לשלושה, כי הכתר לקח מבחינת האזן עצמה ממה שהראייה שואבת בהסתכלות באור האזן, ומכל שכן שנכללים בו שני אורות אחרים, ומזה נעשה כלי לכתר נקודים. ואבא לקח ממה שהראייה שואבת מאורות החוטם, וגם אור הפה נכלל בו. והנה הכתר שלקח מן האזן הארתו גדולה מאד לא נשבר כלי שלו, אבל או"א שאין לוקחין רק מן החוטם ופה נשברו האחוריים של כליהם. והנה או"א אם היו מקבלים אור זה של חוטם ופה של א"ק, בהיותו למעלה קרוב אל מקום נקבי האזן, אף על פי שלא היו מקבלין מאורות האזן עצמה, רק קצת הארה היו מתקיימין האחוריים של כליהם, אבל כיון שאין מקבלין רק מסיום האזן שהוא מקום שבולת הזקן, לכן אף על פי שלוקחין קצת הארה אינו מועיל להם, ולכן נשברו האחוריים של כליהם. אבל הכתר כיון

זאת רק חג"ת נהי"מ דמלכים נשברו ומתו, שהם הבחינה החיצונה והאמצעית, הנקראת[26] גם החיצונה והתיכונה, והסיבה[27] שהרב ז"ל קורא לחג"ת נה"י פנים ואחור היא שמדובר בערכין, **כי חג"ת נקראים אחור בערך חב"ד,**

שלוקח אור האזן ממש אף על פי שלקחו סיומו כיון שהוא לוקח עצמותו, די בזה ולא נשבר אפילו האחוריים של כלים דידיה. מה שאין כן באו"א שאינן לוקחין רק הארה בעלמא, וגם שהוא ברחוק מקום. והרי נתבאר שלושה בחינות אלו, והם כי הכתר נתקיים כולו, והם כי הכתר נתקיים כולו. ואו"א נשברו ונפלו האחוריים שלהם. **וזו"ן נפלו פנים והאחוריים שלהם,** והנה זהו הטעם שנרמז בפסוק והארץ היתה תהו ובהו, אשר הוא מדבר בענין מיתת המלכים של הנקודים כנזכר לעיל.

ע"ח ש"ח פ"ו מ"ת דט"ל ע"ג – וכבר נתבאר לעיל כי אלו שבעת מלכים לקחו אורם מגוף א"ק שתחת שבולת הזקן, ולא מלעלה. נמצא שהם חסרים בחינת שלושה אורות עליונים שהם אח"פ, **כי לכן נשברו הפנים והאחוריים שלהם,** ואלו הם בחינת ג' תגין שיש למעלה על כל אות מאלו השבעה הנזכר לעיל. כי הם מורים על הסתלקות האורות והחיות מן הכלים, שהם אותיות, ונשאר האור למעלה מהם ולא בתוכם, כדרך צורת התגין על האותיות. אבל האותיות בד"ק חי"ה הם אחוריים דאו"א שירדו.

ע"ח ש"ט פ"ג מ"ת דמ"ב ע"ד – ונבאר עתה איך בעת מיתת המלכים אלו ירדו הכלים שלהם לעולם הבריאה כנזכר לעיל, משאין כן בארבעה אחוריים דאו"א. כי הנה נתבאר החילוק שהיה בין או"א לשבעה המלכים, שהם זו"נ, ואמרנו כי השבעה מלכים שהם זו"ן מתו ממש, וירדו אל עולם הבריאה, הכלים שלהם ואחוריים של או"א נתבטלו ולא מתו, אלא שירדו למטה בעולם אצילות עצמו, ושם ביארנו טעם לזה, ואמרנו שהיה לסיבה שהשבעה מלכים לא קבלו אורות אח"פ דא"ק, רק מגופא דיליה ואילך. והנה לטעם זה עצמו היה גם כן שינוי אחר בין ג"ר שהם כח"ב, אל השבעה מלכים התחתונים, כי הג"ר יצאו בקצת תיקון בראשונה, והוא כי כאשר יצאו בראשונה נתפשטו כסדר ג' קוין, מה שאין כן שבעה תחתונות שיצאו זו למטה זו, וזה שכתוב באדרא רבא - עד אימת ניתב בקיימא דחד סמכא, ר"ל נתקן התיקון שהוא דרך קוין, אבל קודם שהיו זה על גבי זה, הוי קיומא דחד סמכא. וכבר ביארנו כי התיקון האצילות הוא בהיות ששה קצות עשוי בבחינת ג' קוים קשורים זה בזה, בסוד השלישי המכריע ביניהן, ואז נקרא רשות היחיד. אבל בהיותן זה על גבי זה והם נפרדין אחת מחברתה, אז נקרא רשות הרבים. ולכן הג"ר נתבטלו אחוריהם ולא מתו, **ושבעה מלכים מתו פנים ואחור,** כי יצאו בלי תיקון כלל.

ע"ח ש"ט פ"ז מ"ב דמ"ו ע"ד – ויצאו שבעה תחתונות מדעת ולמטה בלבד, וכולם יצאו מן בינה דז"א הכלולה תוך אימא עילאה כנזכר לעיל, שלא יצאה, **ואז כל השבעה מתו פנים ואחור,** וירדו בבי"ע.
25

ע"ח ח"ב ש"ל דרוש א' מ"ב דכ"ו ע"ד – גם תבין כי פרצוף האמצעי אף כי נקרא אחור בערך השלישי הפנימי מכולם, **אמנם לפעמים נקרא פנימי בערך החיצון שבכולם.** ובזה תבין מה שנתבאר אצלינו כי בעת מיתת המלכים של ז"א היה בו אחור ופנים, והוא לסבת היות בו תמיד נה"י חג"ת, ו"ק, שהם פרצוף החיצון ואמצעי כנזכר לעיל, **ואז החיצון נקרא אחור, ואמצעי פנימי בערך החיצון,** והבן זה.
26

ע"ח ש"ט פ"ח מ"ב דמ"ז ע"א – ודע כי באצילות המלכים לא יצאו בזו"ן רק השבעה מלכיות, שבשתי בחינות, **החיצונה והתיכונה,** והם **המלכות דנה"י חג"ת,** ולכן נקרא המלכים נקודות, כי נקודה היא מלכות כנזכר לקמן.
27

נהר שלום די"ב ע"ד – והענין בקיצור נמרץ, ידוע כי כל העולמות מראש א"ק עד סוף העשיה, כלולים מחיצוניות ופנימיות, וכל אחד משניהם נחלק לחיצוניות ופנימיות, **ואין לך שום בריה שאינה כלולה מחיצוניות ופנימיות,** אמנם החיצוניות דכללות כל העולמות הם העיגולים דכל העולמות, והפנימיות הוא היושר דכל העולמות, וכל אחד נחלק לחיצוניות ופנימיות, שהם הכלים והאורות, גוף ונשמה, כי הכלים שהם העשר ספירות דכל פרצוף, נקרא חיצוניות בערך הפנימיות, שהם האורות והנרנח"י, המלובשים בהם. וכן בפרטות העשר ספירות הנחלקים לשלשה פרצופים, נה"י חג"ת וחב"ד, מתלבשים זה בתוך זה. **כי פרצוף דנה"י המלביש לפרצוף חג"ת נקרא חיצוניות בערך פרצוף החג"ת המתלבש בתוכו, ופרצוף החג"ת נקרא פנימיות אליו.** ופרצוף החג"ת נקרא חיצוניות בערך פרצוף החב"ד המתלבש בו, והחב"ד הוא פנימיות אליו. וכל זה הפרצוף הכלול מחב"ד וחג"ת ונה"י נקרא חיצוניות בערך הפרצוף העליון המתלבש בו, וכן על דרך זה מפרצוף לפרצוף, עד א"ס.

ונקראים פנים בערך הנה"י. לכן צריך **לזכור ולדעת** כי בכל מקום שנזכר פנים ואחור דז"א דמקרה המלכים, מדובר אך ורק בו"ק דז"א.

זאת ועוד כאשר מבואר כי המלכים הם בחינת ב"ן דעסמ"ב דב"ן, שהוא בחינת המלכויות דעסמ"ב דב"ן, הכוונה היא שהב"ן הזה כולל את מ"ה וב"ן דב"ן, כי[28] אין לך ניצוץ שנברא, שאינו כלול מזכר ונקבה. ולכן[29] בחינת המלכים דמיתו הם מ"ה וב"ן דב"ן דעסמ"ב דב"ן, רק שאנחנו מזכירים רק את בחינת הב"ן בלי המ"ה. ובתיקון יצא מ"ה החדש, הכולל מ"ה וב"ן דמ"ה, וכן בשם מ"ה החדש אנחנו מזכירים רק שם מ"ה בלי הב"ן, ופשוט הוא.

גם צריך לדעת כי שמבואר לפי פשט דברי הרב ז"ל, שנשברו ומתו הכלים דמלכים, מובן כי לכל הבחינת הפנים ואחור שהם חג"ת נהי"ם דשבעה המלכים, קרה מקרה המלכים, אבל[30] **בעומק דברי** הרב ז"ל מדובר רק בפרצוף האחור, והוא פרצוף הנה"י. ר"ל המלכים שנשברו ומתו הם חג"ת נה"י דנה"י דנקודים.

ועוד דבר חשוב גם[31] בחינת עולמות אבי"ע יצאו בנקודים, שהם **בעומק הדברים** אבי"ע דאבי"ע דעובי, כמו שיתבאר לקמן.

---

[28]

ע"ח ש"ט פ"ז דמ"ו ע"ב – דע כי אין לך ספירה וספירה, אפילו בעשר ספירות הפרטיות שבכל פרצוף ופרצוף, שאין בו **בחינת זכר ונקבה, והם ב"ן דנקודות ומ"ה החדש**, ואמנם אין ענין ב"ן הזה והנקבה זו בחינת מלכות העשירית שיש בכל ספירה וספירה, שהיא בחינה עשירית שבכל ספירה וספירה, אלא שיש בכל ספירה עשר בחינות, וכולם דמ"ה, ועשר בחינות וכולם דב"ן, והתשע ראשונות דמ"ה וב"ן הם נקרא ט' בחינות הראשונות של ספירה ההוא, והבחינה עשירית שהוא מלכות שבאותו ספירה עצמה, היא כלולה ממ"ה וב"ן. **כלל הדברים בקיצור נמרץ כי אין לך שום ניצוץ קטן בכל האצילות, שאין בו מ"ה וב"ן.**
גמרא בבא בתרא דע"ד ע"ב – אמר רב יהודה, אמר רב, כל מה שברא הקדוש ברוך הוא בעולמו, **זכר ונקבה בראם.**

[29]

רחובות הנהר ד"ג ע"ב – ובתחילה יצא שם ב"ן, שהוא שבעה קצוות זו"ן, שהם **מ"ה וב"ן דב"ן** דא"ק, והם הם השבעה מלכים דב"ן דמיתו, ואינם רק שבעה מלכים, אלא נפרטו לעשר ספירות, שהם עסמ"ב, שהם עתיק, וא"א, ואו"א, וזו"ן דב"ן דאצילות. ואחר כך בתיקון יצא שם מ"ה החדש, שהוא שבעה קצוות זו"ן, שהם **מ"ה וב"ן דמ"ה** דא"ק, ונפרטו גם הם לעסמ"ב על דרך הנזכר לעיל.

[30]

ע"ח ח"ב ש"ל דרוש ה' מ"ב דכ"ח ע"ב – ונבאר עתה מה שהיה בעת מיתת המלכים, קודם העיבור, כי היה אז ז"א מבחינת ו"ק לבד, של זה הפרצוף הראשון, שכל עצמו אינו רק נה"י לבד. **ונמצא שהוא חג"ת נה"י של פרצוף דאחור**. ונמצא שהם ו"ק, אבל אינם רק נה"י לבד, ובזה לא יחלקו הדרושים הכתובים אצלינו.

[31]

ע"ח שי"ט פ"ה מ"ב דצ"ב ע"ב – והנה המלכים שמלכו בארץ אדום הם עשר ספירות דב"ן הכולל הנזכר לעיל. ונקודה ראשונה היא כתר דב"ן. והיא נוקבא דעתיק ודא"א, ונקודה שניה הוא אבא, צד ב"ן שבו. ונקודה שלישית אימא צד ב"ן שבה. וכל אחד משלוש נקודות אלו, היו כלולים מעשרה נקודות שלימות. אך אחר כך יצאה נקודה הרביעית, ולא יצאה כלולה מעשרה נקודות, רק בשישה נקודות התחתונות שבה לבד, ולכן נקרא בשם ו' נקודות, ועם ג"ר הרי תשעה נקודות. אחר כך יצאה נקודה חמישית, ולא יצאה כלולה מעשרה נקודות שלה, רק נקודה אחת לבד, חלק עשירית שבנקודה ההיא. הרי נמצא ששרשם אינם רק חמשה נקודות, ונקרא עשרה נקודות דב"ן, ואלו יצאו ראשונה ונשברו ומתו. **ודע כי לא די אלו שיצאו בבחינת האצילות, שהם הפנים דב"ן, אלא גם אחוריהם שהם בי"ע יצאו עמהם, אך כולם נקראו פנים** בערך בי"ע שהם חיצונות. ודע, כי גם באצילות יש פנים ואחור. והענין כי בבריאה היה חיצונות הפנים דב"ן, ויצירה חיצונית דאחוריים דב"ן, ועשייה חיצונית יותר חיצון דאחוריים דב"ן. וכאשר נשברו, לא נתקנו כל מה שנשברו, רק מעט, ולא יושלמו להתברר עד ביאת המשיח במהרה בימינו אמן.

בזמן התיקון יצא מהמצח דא"ק המלך השמיני, והוא **הדר ואשתו מהיטבאל**, הנקרא מ"ה החדש, כדי לתקן את המלכים דמיתו. לפי פשט דברי הרב ז"ל יצא רק היסוד דא"ק, **בעומק** דברי הרב ז"ל שם מ"ה החדש יצא בשיעור קומה שלם, של עסמ"ב, והשבעה[32] תחתונות דשם מ"ה החדש תקנו את המלכים שנשברו ומתו. ופשוט[33] הוא שלכל נקודה בעובי יש את שם מ"ה הפרטי דאותה נקודה.

עוד צריך לדעת כי עד פרק ו' דשער השבירה, הרב ז"ל מבאר את מקרה המלכים בכללות בנקודה אחת, עם כל זאת צריך[34] לדעת כי מהעין דא"ק יצאו חמשה[35] נקודות דכללות העומדות בעובי, שהם א"א או"א וזו"ן, ועמדו מהטבור דא"ק ולמטה, ובכל אחד ואחד מנקודות אלו היה מקרה המלכים בפרטות[36], כאשר הג"ר נשארו באצילות דאותה נקודה דכללות, ובשבעה תחתונות נשברו ומתו, וירדו לבי"ע דאותה נקודה.

32

ע"ח ש"ט פ"ח מ"ב דמ"ז ע"ב – ואחר כך יצאו בחינת חג"ת נה"י שבז"א, נקרא הדר, ויצאו בחינת חג"ת דנה"י דנוקבא, ונקרא מהיטבאל אשתו, ואלו יצאו בתיקון אדם, כנזכר באדרא דף קל"ה ע"ב, והבן זה מאוד.

33

כרם שלמה ש"ט פ"ז אות ד' – ומה שכתב ואחר כך יצא שם מ"ה, ונתחבר עם ב"ן בכל ספירה וספירה כנזכר לעיל, בכל הפרטים. ר"ל כשיצא שם **מ"ה** יצא כנגד **כל הפרטים** דכל האצילות, דהיינו מראש עתיק עד סוף מלכות דאצילות. אבל לא יצא כנגד השבעה תחתונות לבד דכל פרצוף שנשברו, אלא יצא כנגד כל העשר ספירות **דעתיק**, ונתחבר עם עשר ספירות **דב"ן** דעתיק. וכן כנגד כל העשר ספירות דא"א, ונתחבר כנגד כל העשר ספירות דא"א. וכן העשר ספירות דאו"א וזו"ן. ואז נעשו העשר ספירות דעתיק וא"א מכתר שלהם, עד המלכות שבהם, כולם כלולים מ**מ"ה ומב"ן**, אף על פי שבהג"ר שלהם לא היה בהם ירידה ומיתה ח"ו, על כל פנים כשיצא שם **מ"ה** יצא בשלמות. וכן או"א וישסו"ת וזו"ן, כולם כלולים משם **מ"ה וב"ן**, מכתר שלהם עד מלכות שבהם.

34

ע"ח ש"ט פ"ו מ"ב דמ"ה ע"ג – אמנם כפי האמת הם חמשה בחינות, כי הכתר למעלה מהארבעה, הוא ועמו הם חמשה פרצופים, הכוללים עשר ספירות כנודע, **והנה בכל אחד מאלו החמשה פרצופים יש בו עשר ספירות גמורות.**

35

רחובות הנהר ד"ב ע"ב – ידוע כי חמשה נקודות יצאו מעינים דא"ק מבחינת ב"ן, וכולן יצאו שלימות, כל אחת שלימה בכל חלקי הנקודה ההיא. באופן שכל אחת ואחת כוללת חמשה פרצופים, עתיק וא"א ואו"א וזו"ן. **וסדר שבירת הכלים היה בכל נקודה ונקודה מהם, דכל אחד ואחד מהם הג"ר עתיק וא"א שבו נתקיימו, ושבעה תחתונות זו"ן שבו נשברו**, כמבואר כל זה באורך בעץ חיים שער ט' פרק ו' ופרק ז', ופרק ג' משער י"ז, ובכמה מקומות משער הלקוטים, ומשער מאמרי הרשב"י ע"ה, וכן במבוא שערים ש"ב ח"ג פ"ו, יעו"ש.

36

נהר שלום דכ"ד ע"ד – והנה ידוע כי מיתת המלכים היתה בזו"ן דפרטות, ר"ל בזו"ן דעתיק, ובזו"ן דא"א, ובזו"ן דאבא, ובזו"ן דאימא, ובזו"ן דז"א, ובזו"ן דנוקבא, וכל פרצוף מאלו הפרצופים כלול מכל הפרצופים הנזכרים. וזה היה בפרט האחרון דפרטי פרטות, וכמבואר לעיל בהקדמה, וזה היה בפנימיות וחיצוניות פנימיות, ובחיצוניות ופנימיות דחיצוניות, דפנים ודאחור. **והכלים עם הרפ"ח ניצוצות דמלכים דעתיק נפלו לעתיק דבי"ע, ודא"א לא"א דבי"ע, ודאו"א לאו"א דבי"ע, ודזו"ן לזו"ן דבי"ע. באופן זה כי הכלים הפנימיים דמלכים הנזכרים נפלו לפרצופי הבריאה. והכלים האמצעיים שלהם לעשיה.** ונתבאר בשער השמות ובכמה מקומות, כי כדי לברור הכלים ושארית הרפ"ח דכל פרט, יורדים כל הפרצופים העליונים דאצילות בימי החול בסוד גלות השכינה, ומתלבשים בפרצופים שכנגדם למטה בבי"ע. עתיק דאצילות בעתיק דבי"ע, וא"א בא"א, ואו"א באו"א, וזו"ן בזו"ן. כלים פנימיים שלהם בבריאה, ואמצעיים ביצירה, וחיצוניים בעשיה. ובי"ע הנזכר מתלבשים בבי"ע דחול, וזה לצורך שארית בירורי כלים ואורות דמלכים דזו"ן דעתיק, וא"א, ואו"א, וזו"ן דאצילות שנפלו לבי"ע על סדר הנזכר. **כי הכלים הפנימים של מלכי עתיק, וא"א, ואו"א, וזו"ן דאצילות נפלו לבריאה. וכלים האמצעיים של המלכים הנזכרים**

היו מספר[37] סיבות למקרה המלכים דמיתו, והם מפוזרים לאורך ורוחב ספרי הרב ז"ל.

ליצירה. וכלים החיצוניים שלהם לעשיה, כנודע. ועל כן בימי החול יורדים הכלים דפרצופים העליונים דאצילות על דרך הנז"ל, לברר בחינותיהם שנשארו בבי"ע.

רחובות הנהר ד"ב ע"ב – ובהגיע האור לגבול האצילות, אירע בהם ענין ביטול המלכים, ונפלו הכלים פנימי אמצעי וחיצון עם אורות דרפ"ח, **לבי"ע התחתונים** דאותה הספירה.

37

ט"ז סיבות למקרה המלכים

א. השבע מלכים יצאו מבחינת מלכויות, נפש, עגולים. ע"ח ש"ח פ"א, ע"ח ש"ט פ"ח, מבוא שערים ש"ב ח"א פ"ג.

ב. הג"ר יצאו בצורת סגולתא, וכל אחת כלולה מעשר, ומתפשטים בסוד קוין שכולם קשורים זה בזה, והז"ת יצאו בבחינת חד סמכא, ונפרדים זה מזה בסוד רשות הרבים, ולא בסוד מיתקלא. ע"ח ש"ט פ"ג, ע"ח ש"ט פ"ה, ע"ח שי"א פ"ה.

ג. כלי הו"ק לא יכלו לסבול יותר אורות מחלקם, והם קיבלו כל אחד חלקו וחלק חברו התחתון ממנו, ולא כן כשהיו בג"ר היו מתבטלים בערכם. ע"ח ש"ח פ"ה, מבוא שערים ש"ב ח"א פ"ו.

ד. האור של העשר ספירות פרצוף שלם, והכלים קטנים, נפרדים, וחסרים. ע"ח ש"ט פ"ה, ע"ח שי"י פ"ה, מבוא שערים ש"ב ח"ב פ"ב.

ה. הג"ר יצאו בגוף אחד, והיה בהם כח לקבל האור, השבע תחתונים יצאו נפרדות וחסרות, ולא יכלו לקבל האור שלהם. מבוא שערים ש"ב ח"ב פ"ג.

ו. הג"ר אין הדין ניכר בהם, והם רחמים, השבע תחתונים דינים נתגלו בהם, ולא יכלו לסבול אור הרחמים. מבוא שערים ש"ב ח"ב פ"ג.

ז. הנקודים יצאו מבחינת חיצוניות סמ"ג דס"ג וחיצוניות עסמ"ב דב"ן, שהם הענפים, והשורשים נשארו בפנימיות א"ק, ולא היה בכח הענפים לקבל את האור. ע"ח ש"ה פ"א, מבוא שערים ש"ב ח"ב פ"ג.

ח. הג"ר קבלו במקום שבולת הזקן אור האוזן, וגם אורות חוטם פה, והז"ת קבלו אורות החוטם פה משבולת הזקן ועד מקום הטבור. ע"ח ש"ח פ"ב, ע"ח שי"א פ"ה, מבוא שערים ש"ב ח"ב פ"ג.

ט. מלכי הנה"י דינין תקיפין, רצו להתגבר על מלכי החג"ת שהם רחמים. שער ההקדמות הקדמה אחת בטרם שנאצל עולם האצילות דל"ג ע"ג. ע"ח ש"ט פ"ה דמ"ה ע"א.

י. הג"ר דו"ק נשארו בפנימיות המאציל. מבוא שערים ש"ב ח"א פ"ה.

י"א. הג"ר לא נתקנו כפרצוף, לכן האור שיצא מהם לז"ת לא יכלו לקבלו. ע"ח שמ"ז פ"ה, שער ההקדמות דרושי אבי"ע דרוש ג' דע"ג ע"ג.

י"ב. לא היתה אהבה בין ספירה לספירה, וכל ספירה היתה יראה מהספירה שמעליה ומהספירה שמתחתיה. ע"ח שי"א פ"ה, שער ההקדמות הקדמה אחת בטרם שנאצל עולם האצילות דל"ב ע"ג.

י"ג. הסיגים מעורבים בכלים, והם גורמים פירוד. מבוא שערים ש"ב ח"ב פ"ג.

י"ד. לא נכנס האור על ידי התלבשותו בנה"י דישסו"ת בסוד כ"ל צמ"א, אלא באופן ישיר, ורק בתיקון התלבשו האורות בנה"י דישסו"ת. שער ההקדמות דרוש ה' בזמן העיבור השני דמוחין דל"ח ע"ב.

ט"ו. לא נתכללו אחד עם השני, וכל אחד מהמלכים היה בחינה בפני עצמה. ע"ח ש"ט פ"ג, מבוא שערים ש"ב ח"ב פ"ג.

ט"ז. תכלית כוונת המאציל היתה להוציא ולעשות בחינת קליפות לצורך הנבראים, כדי לתת שכר לצדיקים, ועונש לרשעים. ע"ח שי"א פ"ה.

שער ט' פרק ד' שבירת הכלים

<u>שער ט' פרק ד'</u>

ועתה צריך שנבאר מה היה ענין התפשטות הנ"ל שנתפשט חו"ב דרך ב' קוין ימין ושמאל עד מקום החו"ג כנ"ל והענין הוא כי היה ע"י)אותן(כח האחוריים דאו"א שנפלו עד מקום חו"ג ואלו הם הבחי' שנתפשטו דרך הקוין והלבישו את החסד וגבורה ואת הנ"ה ואמנם הטעם למה נתפשטו עד מקום החו"ג ולא נתפשטו עד מקום נ"ה. הענין הוא כי הנה קודם שנתפשט הכתר דרך קו האמצעי היו החו"ב מאירין זה בזה שלא ע"י הפסק ביניהן כלל עם היות שהיו בבחינת אב"א אבל אחר שנתפשט כלי הכתר עד ת"ת כנ"ל אז הפסיק ביניהן ואז פשוט הוא שבא קצת הפסד אל או"א שהיו מתחלה מאירין זה בזה משא"כ עתה ולכן לא היה בהם כח להתפשט בכל אורך הקוין עד נ"ה אבל עכ"ז היו מקבלים קצת אור מן הכתר שנתפשט ביניהן באופן שבבחי' אחד נמשך להם תועלת בהתפשטות הכתר ובבחי' אחרת נמשך להם הפסד ולכך היה להם כח להתפשט אך לא בשלימות והטעם למה נתפשט הכתר עד הטבור אמצע ת"ת ולא יותר הנה זה צריך ביאור רחב אמנם בקיצור נמרץ הענין הוא כי הנה מקום כל התפשטות הלא הוא כנגד רגלי הא"ק הנ"ל מטבורו עד רגליו והנה כאשר יבא אח"כ התיקון האמיתי של האצילות הנה הכל הוא עומד במקום הזה כנודע ושם הוא מקום האצילות בלבד ומשם ולמטה הוא עולם הבריאה והנה כאשר נעריך כל אלו הפרצופים מתלבשים זה תוך זה עד שנמצא הכל פרצוף א' לבד ופרצוף א' דא"א שהוא כתר הוא הכולל כל האצילות מלמטה למעלה ונמצא כי הכתר כולל כל המקום הזה ונעשו פרצוף א' והנה כאשר הוא עתה מתפשט עד ת"ת הוא בעצמו מה שיהי' אח"כ בעת התיקון מקום הת"ת שלו ממש והנה או"א היו מלבישין ב' זרועותיו ימין ושמאל עד מקום הטבור שלו ולכן איך יתפשט הכתר עתה יותר ממקום אשר א"א להתפשט לאו"א אפי' אחר התיקון ואיך יהיה כתר קטן ושפל למטה מהם כי הלא מקום התפשטות האמיתי של או"א אפי' אחר התיקון אינו רק עד טבור ת"ת דא"א ואיך עתה מתפשט כתר יותר תחתון למטה מהם ולכן זו היתה הסבה שלא נתפשט הכתר עתה רק עד ת"ת לבד. ועתה ראה והבן איך האצילות לא נתקן בפ"א רק לאט לאט באו תקונם זה אחר זה ובכל פעם היה נוסף בו קצת תיקון כי הרי בתחלה לא נעשה בחי' כלי בשום אופן. והנה נודע כי כל תיקון אינו אלא היות האור מתלבש בכלי כדי שיוכלו לקבל התחתונים אור העליון והנה לא התחיל בחי' הויות הכלי רק בעולם העקודים אמנם לא נתהווה רק כלי א' מכל הי"ס שלו ואח"כ בעולם הנקודים קודם שנשברו נתוסף בהם קצת תיקון והוא כי נתהוו י' כלים לי' ספירות שבו גם תיקון ב' כי הג"ר יצאו ונתקנו דרך קוים משא"כ בז"ת שיצאו זע"ז ולא נתקשרו ואח"כ שנשברו הנקודים נתוסף בהם תיקון אחר והוא כי גם ז"ת האורות שלהם נתלבשו דרך קוי כח"ב כנ"ל ואח"כ כאשר רצה המאציל לתקנם העלה גם את הכלים באצילות בסדר קוין כמ"ש בע"ה ואח"כ שנעשו בבחי' קוין בא עיבור א' של זו"ן ונתוסף תקון ב' שנכנסו האורות תוך הכלים אמנם עדיין לא היה רק בבחי' ג' קוין בלבד אשר זה נקרא אצלינו ג' כלילין בג' ואח"כ נתפשטו בסוד ו"ק בזמן היניקה ואח"כ המוחין נשלמו כל הי' כלים. עוד היה שינוי אחר כי בתחלה קודם שהיה שום עיבור הראשון דזו"ן לא היה רק אור בכלי מצומצם ואח"כ נגדל הכלי ונתרחב בסוד פרצוף גמור כדי להמעיט האור כי זה עיקר כוונת התיקון כמ"ש.

פרק ד' מ"ת

דרוש זה מקורו מספר אוצרות חיים וצריך לכתוב מ"ת בראש הדרוש.

דע כי בכל מקום שהרב ז"ל מבאר כי המלכים דמיתו ירדו לעולם הבריאה, הכוונה[38] היא לכל עולמות בי"ע, כאשר הכלי הפנימי ירד לעולם הבריאה, הכלי האמצעי לעולם היצירה, והכלי החיצון לעולם העשיה.

ידוע כי ג"ר נקראים פנים בערך ו'"ק[39], והוא כי כל פרצוף נחלק לג' חלקים חב"ד חג"ת נה"י, כאשר חב"ד נקראים כלים פנימיים, חג"ת כלים אמצעיים, ונה"י נקראים כלים חיצוניים. גם הם נקראים[40] נר"ן, כאשר נה"י הוא בכללות

38

ע"ח ש"ט פ"ז דמ"ו ע"ב – והנה כאשר יצאו כל האצילות מבחינת ב"ן לבד, והיה כולל עתיק, וא"א, וא"א, וזו"ן. ואז יצאו תחלה כל הכלים שלהם זה תחת זה עד סיום עולם האצילות, ואחר כך יצאו אורות דב"ן כל פרטי אצילות, ויצא תחלה כתר דעתיק דאצילות, שבו נכללין כל האורות, ונתקים, ואחר כך יצאה חכמה דעתיק בכלי שלו, ובו היו כלולים כל שאר האורות ונתקים, ואחר כך יצאה בינה דעתיק, ובו כלולין כל שאר האורות ונתקים, ואחר כך יצאו שבעה תחתונות דעתיק,)נ"א דדעת(הדעת למטה כל אחד כלול בכלי שלו, ובו כלולים כל שאר האורות, והיה נשבר, **וירד פנימיות הכלי לבריאה, וחיצוניות הכלי ירד ביצירה, וחיצוניות של חיצוניות בעשייה**, ואחר כך האור ההוא נשאר בלי כלי, ושאר האורות ירדו בכלי השני של השבעה תחתונות, וגם הוא נשבר על דרך הנזכר לעיל,)נ"א נשאר ע"ד הנ"ל(והאור שלו נשאר בלי לבוש, ושאר האורות ירדו לכלי שלמטה ממנו, וכן על דרך זה עד שנגמרו שבעה תחתונות שלו, ואחר כך נכנס הכתר דאריך אנפין בכלי שלו.............

נהר שלום דכ"ד ע"ד – והנה ידוע כי מיתת המלכים היתה בזו"ן דפרטות, ר"ל בזו"ן דעתיק, ובזו"ן דא"א, ובזו"ן דאבא, ובזו"ן דאימא, ובזו"ן דז"א, ובזו"ן דנוקבא, וכל פרצוף מאלו הפרצופים כולל מכל הפרצופים הנזכרים. וזה היה בפרט האחרון דפרטי פרטות, וכמבואר לעיל בהקדמה, וזה היה בפנימיות וחיצוניות דפנימיות, ובחיצוניות ופנימיות דחיצוניות, דפנים ודאחור. **והכלים עם הרפ"ח ניצוצות דמלכים דעתיק נפלו לעתיק דבי"ע, ודא"א לא"א דבי"ע, ודאו"א לאו"א דבי"ע, ודזו"ן לזו"ן דבי"ע. באופן זה כי הכלים הפנימיים דמלכים הנזכרים נפלו לפרצופי הבריאה. והכלים האמצעיים ליצירה. וכלים החיצוניים שלהם לעשיה**. ונתבאר בשער השמות ובכמה מקומות, כי כדי לברור הכלים ושארית הרפ"ח דכל פרט, יורדים כל הפרצופים העליונים דאצילות בימי החול בסוד גלות השכינה, ומתלבשים בפרצופים שכנגדם למטה בבי"ע. עתיק דאצילות בעתיק דבי"ע, וא"א בא"א, ואו"א באו"א, וזו"ן בזו"ן. כלים פנימיים שלהם בבריאה, ואמצעיים ביצירה, וחיצונים בעשיה. ובי"ע הנזכר מתלבשים בבי"ע דחול, וזה לצורך שארית בירורי כלים ואורות דמלכים דזו"ן דעתיק, וא"א, ואו"א, וזו"ן דאצילות שנפלו לבי"ע על סדר הנזכר. **כי הכלים הפנימים של מלכי עתיק, וא"א, ואו"א, וזו"ן דאצילות נפלו לבריאה. וכלים האמצעיים של המלכים הנזכרים ליצירה. וכלים החיצוניים שלהם לעשיה**, כנודע. ועל כן בימי החול יורדים הכלים דפרצופים העליונים דאצילות על דרך הנז"ל, לברר בחינותיהם שנשארו בבי"ע.

רחובות הנהר ד'"ב ע"ב – ובהגיע האור לגבול האצילות, אירע בהם ענין ביטול המלכים, ונפלו הכלים **פנימי אמצעי וחיצון** עם אורות דרפ"ח, **לבי"ע התחתונים** דאותה הספירה.

39

ע"ח ח"ב ש"ל דרוש א' מ"ב דכ"ו ע"א – דע כי הז"א יש לו ג' פרצופים, וכל אחד כלול מעשרה ספירות, והם זה תוך עשרה, תוך עשרה, ועשרה אחרים בפנימיות כולם. ואלו השלושה פרצופים הם כולם בחינת כלים, והם שלושים כלים, וכולם הם ביחד גוף אחד, וכלי אחד, ובתוכו יש האורות, שהם נר"ן, ובהיות שלשתן יחד זה תוך זה הם שוים בקומתן, אבל לפעמים אין לז"א רק פרצוף החיצון מהם בלבד, ולפעמים שניהן, ולפעמים שלשתן. ובתחלה מתחיל הז"א להיות בו **פרצוף החיצון**, ואז הוא שיעור קומתו הוא שליש גדלותו לבד והוא **כשיעור קומת נה"י** אחר הגדלות האחרון. ואחר כך נכנס בו **פרצוף אמצעי**, ומתלבש

25

נקרא נפש, חג"ת רוח, וחב"ד נשמה. הרב ז"ל מבאר[41] בכל המקומות על שבירה, מיתה, וירידת **פנים ואחור** דשבעה התחתונות דנקודים, לפי פשט הדברים נראה שחב"ד חג"ת ונה"י דמלכים נשברו ומתו וירדו לעולמות בי"ע.[42] עם כל

בתוך החיצון, ואז נגדל ז"א ב' שלישי קומתו, **שהם נה"י וחג"ת**, בין בחינת פרצוף החיצון ובין פרצוף האמצעי, כי אמצעי גורם אל החיצון שיגדל כמוהו. ואחר כך נכנס בו **הפרצוף הפנימי**, ומתלבש בתוך האמצעי, ואז גם ב' הפרצופים החיצון ואמצעי נגדלים כאורך הפרצוף הפנימי, ואז נשלם ז"א כשיעור קומתו לג' הפרצופים. והוא כאלו נמשיל משל, **כי החיצון שיעור קומתו כשיעור נה"י דז"א בגדלות, והאמצעי כשיעור נה"י וחג"ת דגדלות, והפנימי כשיעור נה"י חג"ת חב"ד בגדלותו**. ולכן בבא האמצעי מגדיל את החיצון כמוהו, ובבא הפנימי מגדיל שניהן כמוהו.

ע"ח שי"ט פ"י מ"ב דצ"ה ע"ג – והנה הכלים הם שלושה, בחינת **חיצון ואמצעי ופנימי**.

ע"ח ח"ב ש"ל דרוש ב' מ"ב דכ"ז ע"א – באופן כי יש לכל פרצוף עשר ספירות, הנקרא כלים, ונחלקים לג' חלקים, והם עשר כלים חיצוניות, מדור אל הנפש. עשר כלים אמצעים מלובשים תוך חיצוניות, והם מדור אל הרוח. ועשר כלים פנימים מלובשים תוך הכלים אמצעים, והוא מדור אל הנשמה. והם הם שלושים כלים, אבל גובה קומתן אינם אלא עשרה, לפי שהם עשר תוך עשר, ועשר תוך עשר.

40

נהר שלום, דרוש הדעת דמ"א ע"ג – ונבאר עתה כל זה בפרטות פרצוף אחד שהוא זעיר, וממנו תקיש בכללות כל הפרצופין יחד, דע כי ז"א הוא פרצוף אחד כולל עצמות וכלים, והכלים שבו הם נכללים בג', כי הכבד למטה, וכולל עשר מדות שהם כל האיברים, ומתלבש על ידי הורידין שבו, בכל הגוף. והלב גבוה ממנו, וכולל עשר מדות, ומתלבש תוך בחינת הכבד, על ידי הדפקים שבו, ומתפשט בכל הגוף, והמוח גבוה מכולם, וכולל עשר מדות, מתלבשים תוך בחינת הלב, על ידי הגידים, המתפשטים ממנו, ומתפשט בכל הגוף, ועל דרך זה ממש נחלק העצמות בשלושה, נשמה ורוח ונפש, מתלבשים זה בתוך זה, ומתפשטים בכל הגוף, לכן הכבד משכן הנפש, והלב משכן הרוח, והמוח משכן הנשמה.

41

ע"ח ש"ח פ"ב מ"ת ל"ו ע"ג – אמנם השבעה מלכים תאין מתו, לפי שכליהם נעשו מהסתכלות עין בחוטם פה לבד, והיה חסר מהם אור האזן העליונה. והנה גם בג"ר עצמם יש בהם חילוק בין זו לזו, והוא)נ"א והנה(כי מן הכתר לא ירד ממנו אפילו האחוריים, אלא האחוריים של נה"י בלבד. אבל באו"א של הנקודים ירדו האחוריים שלהם לבד, ונשארו הפנים במקומם. וטעם הדבר הוא כי אלו האורות שנמשכים עד שבולת הזקן נחלקו לשלושה, כי הכתר לקח מבחינת האזן עצמה ממה שהראייה שואבת בהסתכלות באור האזן, ומכל שכן שנכללים בו שני אורות אחרים, ומזה נעשה כלי לכתר נקודים. ואבא לקח ממה שהראייה שואבת מאורות החוטם, וגם אור הפה נכלל בו. והנה הכתר שלקח מן האזן הארתו גדולה מאד לא נשבר כלי שלו, אבל או"א שאין לוקחין רק מן החוטם ופה נשברו האחוריים של כליהם. והנה או"א אם היו מקבלים אור זה של חוטם ופה של א"ק, בהיותו למעלה קרוב אל מקום נקבי האזן, אף על פי שלא היו מקבלין מאורות האזן עצמה, רק קצת הארה היו מתקיימין האחוריים של כליהם, אבל כיון שאין מקבלין רק מסיום האזן שהוא מקום שבולת הזקן, לכן אף על פי שלוקחין קצת הארה אינו מועיל להם, ולכן נשברו האחוריים של כליהם. אבל הכתר כיון שלוקח אור האזן ממש אף על פי שלקחו סיומו כיון שהוא לוקח עצמותו, די בזה ולא נשבר אפילו האחוריים של כלים דידיה. מה שאין כן באו"א שאינן לוקחין רק הארה בעלמא, וגם שהוא ברחוק מקום. והרי נתבאר שלושה בחינות אלו, והם כי הכתר נתקים כולו. ואו"א נשברו ונפלו האחוריים שלהם. **וזו"ן נפלו פנים והאחוריים שלהם**, והנה זהו הטעם שנרמז בפסוק והארץ היתה תהו ובהו, אשר הוא מדבר בענין מיתת המלכים של הנקודים כנזכר לעיל.

ע"ח ש"ח פ"ו מ"ת דט"ל ע"ג – וכבר נתבאר לעיל כי אלו שבעת מלכים לקחו אורם מגוף א"ק שתחת שבולת הזקן, ולא מלעלה. נמצא שהם חסרים בחינת שלושה אורות עליונים שהם אח"פ, **כי לכן נשברו הפנים והאחוריים שלהם**, ואלו הם בחינת שלוש תגין שיש למעלה על כל אות מאלו השבעה הנזכר לעיל. כי הם מורים על הסתלקות האורות והחיות מן הכלים, שהם אותיות, ונשאר האור למעלה מהם ולא בתוכם, כדרך צורת התגין על האותיות. אבל האותיות בד"ק חי"ה הם אחוריים דאו"א שירדו.

ע"ח ש"ט פי"ג מ"ג דמ"ב ע"ד – ונבאר עתה איך בעת מיתת המלכים אלו ירדו הכלים שלהם לעולם הבריאה כנזכר לעיל, משא"ין כן בארבעה אחורים דאו"א. כי הנה נתבאר החילוק שהיה בין או"א לשבעה המלכים, שהם זו"נ, ואמרנו כי השבעה מלכים שהם זו"נ מתו ממש, וירדו אל עולם הבריאה, הכלים שלהם

זאת רק חג"ת נהי"מ דמלכים נשברו ומתו, שהם הבחינה החיצונה והאמצעית, והסיבה[43] שהרב ז"ל קורא לחג"ת נה"י פנים ואחור היא שמדובר בערכין, כי חג"ת נקראים אחור בערך חב"ד, ונקראים פנים בערך הנה"י. לכן צריך **לזכור ולדעת** כי בכל מקום שנזכר פנים ואחור דז"א דמקרה המלכים, מדובר אך ורק בו"ק דז"א.

בפרק זה הרב ז"ל מבאר את התפשטות האחוריים של הכלים דחו"ב דנקודים, עד מקום החסד והגבורה **שאחרי התיקון**, כדי לקבל בתוכם את האורות דחסד, גבורה, נצח והוד דנקודים. וגם את התפשטות אחורי הנה"י של הכתר דנקודים, כדי לקבל בתוכו את האורות דתפארת, דעת, יסוד ומלכות דנקודים. **כבר ביאר** הרב ז"ל את[44] מקום ירידת אחורי או"א עילאין בזמן[45] שנשברו הכלים דחסד גבורה ושליש העליון דתפארת דנקודים. **עם כל זאת** יש מחלוקת בין גדולי רבותינו המפרשים, מה היא בחינת ההתפשטות הנזכרת לקמן, האם היא התפשטות חדשה של הכלים דאו"א, או הם אותם האחוריים דאו"א שנתבטלו בזמן השבירה של הכלים דחסד, גבורה ושליש העליון דתפארת דנקודים. דעת **הרב שפת אמת** היא כי יש ב' בחינות, **אחת** ביטול האחוריים דאו"א עילאין, וזה נעשה בזמן שהכלים דחסד, גבורה והשליש

ואחוריים של או"א נתבטלו ולא מתו, אלא שירדו למטה בעולם אצילות עצמו, ושם ביארנו טעם לזה, ואמרנו שהיה לסיבה שהשבעה מלכים לא קבלו אורות אח"פ דא"ק, רק מגופא דיליה ואילך. והנה לטעם זה עצמו היה גם כן שינוי אחר בין ג"ר שהם כח"ב, אל השבעה מלכים התחתונים, כי הג"ר יצאו בקצת תיקון בראשונה, והוא כי כאשר יצאו בראשונה נתפשטו כסדר ג' קוין, מה שאין כן שבעה תחתונות שיצאו זו למטה זו, וזה שכתוב באדרא רבא - עד אימת ניתב בקיימא דחד סמכא, ר"ל נתקן התיקון שהוא דרך קוין, אבל קודם שהיו זה על גבי זה, הוי קיומא דחד סמכא. וכבר ביארנו כי התיקון האצילות הוא בהיות ששה קצות עשוי בבחינת ג' קוים קשורים זה בזה, בסוד השלישי המכריע ביניהן, ואז נקרא רשות היחיד. אבל בהיותן זה על גבי זה והם נפרדין אחת מחברתה, אז נקרא רשות הרבים. ולכן הג"ר נתבטלו אחוריהם ולא מתו, **ושבעה מלכים מתו פנים ואחור**, כי יצאו בלי תיקון כלל.

ע"ח ש"ט פ"ז מ"ב ע"ד – ויצאו שבעה תחתונות מדעת ולמטה בלבד, וכולם יצאו מן בינה דז"א הכלולה תוך אימא עילאה כנזכר לעיל, שלא יצאה, **ואז כל השבעה מתו פנים ואחור**, וירדו בבי"ע.
42

ע"ח ח"ב ש"ל דרוש א' מ"ב דכ"ו ע"ד – גם תבין כי פרצוף האמצעי אף כי נקרא אחור בערך השלישי הפנימי מכולם, **אמנם לפעמים נקרא פנימי בערך החיצון שבכולם**. ובזה תבין מה שנתבאר אצלינו כי בעת מיתת המלכים של ז"א היה בו אחור ופנים, והוא לסבת היות בו תמיד נה"י חג"ת, ר"ק, שהם פרצוף החיצון ואמצעי כנזכר לעיל, **ואז החיצון נקרא אחור, ואמצעי פנימי בערך החיצון**, והבן זה.
43

נהר שלום די"ב ע"ד – והענין בקיצור נמרץ, ידוע כי כל העולמות מראש א"ק עד סוף העשיה, כלולים מחיצוניות ופנימיות, וכל אחד משניהם נחלק לחיצוניות ופנימיות, **ואין לך שום ברייה שאינה כלולה מחיצוניות ופנימיות**, אמנם החיצוניות דכללות כל העולמות הם העיגולים דכל העולמות, והפנימיות הוא היושר דכל העולמות, וכל אחד נחלק לחיצוניות ופנימיות, שהם הכלים והאורות, גוף ונשמה, כי הכלים שהם העשר ספירות דכל פרצוף, נקרא חיצוניות בערך הפנימיות, שהם האורות והנרנח"י, המלובשים בהם. וכן בפרטות העשר ספירות הנחלקים לשלשה פרצופים, נה"י חג"ת וחב"ד, מתלבשים זה בתוך זה. **כי פרצוף דנה"י המלביש לפרצוף חג"ת נקרא חיצוניות בערך פרצוף החג"ת המתלבש בתוכו, ופרצוף החג"ת נקרא פנימיות אליו**. ופרצוף החג"ת נקרא חיצוניות בערך פרצוף החב"ד המתלבש בו, והחב"ד הוא פנימיות אליו. וכל זה הפרצוף הכלול מחב"ד וחג"ת ונה"י נקרא חיצוניות בערך הפרצוף העליון המתלבש בו, וכן על דרך זה מפרצוף לפרצוף, עד א"ס.
44

ע"ח ש"ט פ"ב מ"ת דמ"א ע"ב – ונחזור לענין ראשון, כי הנה כאשר עדיין לא מת שליש תפארת, עדיין לא נגמר ירידת ונפילת אחורי דאבא ואימא לגמרי, וכאשר היו המלכים האלו נכנסים בכלי שלהם היו מגולין באור גדול. **אבל אחר שמת שליש עליון דתפארת, אשר אז נפלו שם האחוריים דאו"א**, הנה כאשר יצאו שם שאר האורות הנשארים, כדי לכנוס בכלי שלהם, היו מלובשים באלו האחוריים שנפלו. ונשארו באצילות כנזכר לעיל.
45

תרשים ד – א.

העליון דתפארת נשברו, **ואחת** ההתפשטות חדשה של אחורי הכלים דאו"א שנעשתה **בכח האחוריים שנפלו עד מקום החסד והגבורה**, והיא בחינת **הפנים של האחוריים** ונעשתה בזמן שהאורות דגבורה וחסד דנקודים היו צריכים לעזוב את הכלים דיסוד ונצח-הוד דנקודים. **הרב בית לחם יהודה** מפרש כי גם הנפילה דאחורי או"א לחוד וההתפשטות שלהם לחוד, אבל עם כל זאת ב' בחינות אלו הם באחורי או"א, והוא כי חלק אחד דאחורי או"א נתבטל, והחלק השני התפשט, אבל ב' הבחינות הם אחורי או"א עילאין. דעת **הרב איפה שלימה** היא כי הנפילה וההתפשטות הם אותה בחינה, אלא שהנפילה היתה עד מקום אחד, ואחר כך אחורי או"א עילאין מרצונם הטוב התפשטו יותר למטה. דעת **הרב שמן ששון** היא כי הנפילה וההתפשטות היא אותה בחינה, והיא רק שינוי לשון בדברי הרב ז"ל. **עם כל זאת** כתב הרב ז"ל בספר מבוא שערים כתב - ובכח היות אלו האחוריים שנפלו עד פה, **זהו בחינת הכלי החדש שעעשו או"א שנתפשטו עד פה, ועלו שם אחר כך אור החסד והגבורה.** ר"ל אותם האחוריים דאו"א עילאין שנפלו בשבירת הכלים דחסד גבורה ושליש העליון דנקודים, הם הכלים שלתוכם נתלבשו האורות דחסד, גבורה, נצח והוד דנקודים, כדעת הרב שמן ששון. **וצריך לעיין טוב** כדי להבין את דברי קודשם של המפרשים זלה"ה. **ועוד צריך** לעיין בהגהת **השמ"ש** בפרקין על הסתירה בדברי הרב ז"ל בין פרק ב' דשער זה, לפרק זה. ובדברי **תורת חכם** המבאר את דברי הרש"ש, ומסקנתו היא שהיו כמה וכמה בחינות של התפשטות. **כאן הביאור הוא** לפי הספר מבוא שערים שכתב - **והתפשטות ההוא הוא עצמו בחינת האחוריים** האלו שנפלו עד שם. לכן ביטול אחורי או"א עילאין, וההתפשטותם בפרקין היא אותה בחינה, רק שמות אחרים, ר"ל ביטול והתפשטות היינו הך.

וְעַתָּה[46] צָרִיך שֶׁנְּבָאֵר[47] מַה[48] הָיָה עִנְיַן הִתְפַּשְׁטוּת הַנִּזְכַּר[49] לְעֵיל, שֶׁנִּתְפַּשְׁטוּ הַכֵּלִים שֶׁל הַחָכְמָה וּבִינָה דנקודים, שהם או"א עילאין דֶּרֶךְ ב' קַוּין יָמִין וּשְׂמֹאל, עַד

46

כרם שלמה ש"ט פ"ד אות א' – מה שכתב, ועתה צריך שנבאר מה היה ענין התפשטות הנזכר לעיל. ר"ל הואיל ועדיין לא הגיע עכשיו עת היציאה של מ"ה החדש לתקן המלכים, וכדי שיעשה להם כלים חדשים להמלכים האלו. אם כן מנין באו אלו ההתפשטות לצורך אורות המלכים האלו שנתלבשו בתוכם. ועוד שהם בבחינת קוים, שהוא סימן להתיקון. ועוד למה לא נתפשטו כי אם עד החסד וגבורה, ולא למעלה ולא למטה. לזה אמר העניין היה שזה ההתפשטות שנתפשט היה מכח אותם האחוריים של או"א שנפלו עד פה, עד מקום החסד וגבורה. ור"ל כי האחוריים האלו שנפלו עד מקום החסד וגבורה לבד, וההתפשטות הזה שנתפשטו עד החסד וגבורה כדי להלביש האורות האלו של החסד וגבורה, והנצח והוד, הם לבד. והוא כי אחר שנפלו האחוריים האלו דאו"א בעת מיתת החסד וגבורה, אז אחר כך בעת מלוכת הנהי"ם, אז אותם האחוריים שנפלו עד החסד וגבורה, המשיכו עוד מאותם האחוריים של או"א שעדיין הם למעלה, והמשיכו אותם עד מקום החסד וגבורה האמתיים של הקוין, ובהם עלו ונכללו האורות של החסד וגבורה, והנצח והוד.

47

איפה שלימה, שער הנקודים פ"י די"ד ע"ד)א(– מה ענין התפשטות הנזכר לעיל שנתפשטו חו"ב דרך שני קוים ימין ושמאל עד מקום החסד וגבורה כנזכר לעיל. ר"ל באיזה כח נתפשטו חו"ב למטה עד מקום החסד וגבורה של אחר התיקון. כנזכר לעיל, ר"ל כמו שכתב למעלה בפרק ט', שנתפשטו או"א עד מקום הראוי להיות אחר כך מקום חסד וגבורה האמתי של אחר התיקון, יעו"ש. וכך כתב עוד בשער הקדמות דף כ"ב ע"ד וז"ל - אחר כך מלכו נצח והוד, והנה כדי לבוא במקומם הראוי להם ולמלוך, בכלי שלהם, והנה אין מקומם פנוי וריקם וכו', לכן הוצרכה עתה הבינה להתפשט גם היא הכלי שלה דרך הקו שלה, שהוא קו הגבורה, ונתפשטה עד מקום הראוי להיות שם ספירת הגבורה אחר התיקון וכו'. אחר כך יצא היסוד, ולפי שאור החסד ירד במקומו כנזכר לעיל, לכן גם החכמה הוצרכה להתפשט הכלי שלה, דרך קו ימין, עד מקום הראוי להיות אחד התיקון מקום ספירת החסד וכו'. וכן כתב עוד בספר מבוא שערים ש"ב ח"ב פ"ה ד"ח ע"א וז"ל - אחר כך יצא אור היסוד ואור המלכות עמו, ויען היה במקומו אור החסד כנזכר לעיל, לכן הוצרכה גם החכמה להתפשט בקו הימין, עד מקום החסד של אחר התיקון וכו', יעו"ש. **ואמר** שהתפשטות החו"ב שהיה עד למטה, זה היה על ידי כח האחוריים דאו"א שנפלו עד מקום החסד וגבורה כנזכר לעיל. ר"ל כי מה שהיה כח ויכולת באו"א להתפשט למטה, עד מקום החסד וגבורה של אחר התיקון, הוא היה בכח אותם האחוריים של או"א שנפלו עד מקום החסר והגבורה של קודם התיקון, זה גרם להם שיוכלו להתפשט עוד למטה עד מקום החסד וגבורה של אחר התיקון, כמבואר במבוא שערים שם דף ח' ע"ד וז"ל - וכאשר מת

התפארת והתחיל למות ולהסתלק האור משליש הראשון עד החזה, ירדו כללות החו"ג דשני יסודות דשני מלכיות דאו"א עילאין, וכשנגמרו אחוריהם ליפול לגמרי, ונמצאו אחורי או"א יושבים פה למטה באופן זה, כי אחורי אבא יושבים בקו ימין, במקום [ר"ל כנגד] שהיה חסד דז"א שהוא מלך השני. ואחורי אימא במקום שהיה מלך השלישי, שהוא גבורה דז"א כנודע. ובכח היות אלו האחוריים שנפלו עד פה [שהם בחינת חסד וגבורה של קודם התיקון] זהו בחינת כלי החדש שעשו או"א, שנתפשטו עד פה, [ר"ל כי כמו שבנפילת אחורי או"א נפלו עד חסד וגבורה של קודם התיקון, כמו כן גם כן כשנתפשטו אחוריים אלו לצורך הלבשת האורות, לא נתפשטו אלא עד חסד וגבורה של אחר התיקון]. וההתפשטות ההוא [שנתפשטו עד החסד וגבורה של אחר התיקון] הוא עצמו בחינת האחוריים האלו, שנפלו עד שם, [דקדק בלשונו הטהור שאמר - הוא עצמו וכו', לאפוקי מסברת המפרשים ז"ל שאומרים כי התפשטות או"א אינה עצמה בחינת האחוריים הנזכרים לעיל שירדו למטה, אמנם היא בחינת הפנים של או"א, שלא ירדו למטה הם הם שנתפשטו אחר כך עד למטה, יעו"ש. משום הכי אמר רז"ל הוא עצמו וכו', שנפלו עד שם. ר"ל במקום החסד וגבורה של קודם התיקון], ולא נפלו יותר למטה, כי שם נגמרה נפילתם בעת מיתת חסד וגבורה ושליש התפארת. ולכן נשארו שם [ר"ל כי הואיל ותחילת ירידת אחורי או"א עד חסד וגבורה דקודם התיקון, ולא ירדו יותר למטה, לכן גם עתה שנתפשטו אחורי או"א למטה, לא נתפשטו רק עד חסד וגבורה של אחר התיקון כדוגמתם ונשארו שם בחסד וגבורה, ולא נתפשטו יותר עוד למטה עד נצח והוד] כנזכר לעיל בפרק ה'. ר"ל כמו שכתב שם בעמוד ראשון של דף ח' הנזכר שם, כתב וז"ל - כי האחוריים נפלו במקום החסד והגבורה, ולכן עד שם לבד נתפשטו עד מקום החסד של אחר התיקון וכו', יעו"ש. וכך כתב בשער הקדמות דף כ"ב ע"ג וז"ל - וצריכים אנחנו להודיעך מה שכתבנו איך החו"ב נתפשטו דרך קוים ימין ושמאל, למטה עד חסד וגבורה. והנה התפשטות הזה היה על ידי אותם האחוריים של או"א עילאין, שירדו ונפלו למטה זה במקום חסד, וזה במקום גבורה כנזכר לעיל, ואלו האחוריים הם שנתפשטו דרך קוים והלבישו את אורות החסד והנצח בקו ימין, והגבורה והוד בקו שמאל וכו', יעו"ש. וזו שפירשנו שהתפשטות הנזכרים הם בעצמם בחינת אחורי או"א, ואינם בחינת אחרת. זו היא סברת מהרח"ו ז"ל במבוא שערים ש"ב ח"ג פ"ה ד"ז ע"ד וז"ל - ונראה לי חיים כי כמו שפירשנו לקמן, כי סיבת התפשטות או"א עד חסד וגבורה לבד, היה מן אחוריים שלהם שירדו שם, כן יהיה בכתר כי מה שנתפשט ממנו היה בחינת נה"י שלו שנשגמו כנודע, עד כאן לשונו. יעו"ש. **והנה** מקום חסד וגבורה של קודם התיקון, ששם נפלו אחורי או"א הוא למעלה ממקום חסד וגבורה של אחר התיקון, כמו שכתב רז"ל בפרק ב' משער רפ"ח וז"ל - ואמנם כאשר היה אחר כך זמן התיקון, אשר אז הלבישו זה לזה כנזכר לעיל באורך לא הונחו במקומם הראשון ממש. אמנם היה באופן אחר, והוא כי הנה נודע כי א"א מתפשט עד סיום האצילות ממש, ומהראוי היה שאו"א יהיו למעלה במקום חו"ב, כי הרי הם חו"ב אבל לא כך היה אלא שהלבישו את חסד וגבורה דא"א. וכן מהראוי היה שז"א אשר בחינתו ששה קצוות, מחסד עד יסוד, ילביש ו"ק דא"א ולא כך היה אלא שאינו מלביש רק מחצי תפארת דא"א ולמטה כנזכר לעיל. ואמנם נוקבא דז"א נשארה במקומה הראשון, והוא שהיא מלבשת את המלכות דא"א וכו', יעו"ש. והגם שהרב הקדוש השמ"ש זיע"א הקשה שם על זה, יעו"ש. מכל מקום הוא עצמו העתיק דברי הרב ז"ל, אלו בריש פרק ב' משער למ"ד, ועלתה הסכמתו כן שכתב שם וז"ל - אמנם לעניות דעתי נראה שבכאן מדבר במצב ובמעמד או"א וז"א קודם התיקון, שהוא כסדר הזה. אמנם אחר התיקון ירדו או"א והלבישו לחג"ת, וז"ה הלביש לנה"י כמו שכתב הוא עצמו ענין זה בשער רפ"ח ניצוצין פרק ב', יעוש"ב. הרי בהדיא שכתב הוא עצמו שסדר הלבשת הפרצופים שכתב בכאן היה קודם התיקון כנזכר לעיל, עד כאן לשון השמ"ש זיע"א, יעו"ש. **באופן** שמקום חסד וגבורה של קודם התיקון, הוא במקום או"א של אחר התיקון, רק שלא היו החסד וגבורה בסדר קוים, כי אם זה למטה מזה. והתפארת שהוא מלך הרביעי, הוא נעשה מקום תפארת דא"א לאחד התיקון. וכשנתבטלו אחורי אבא, ירדו בקו ימין כנגד החסד של קודם התיקון. וכשנתבטלו אחוריים דאימא ירדו יותר למטה מאחוריים דאבא, מצד שמאל עד נגד גבורה של קודם התיקון, שהוא למטה מחסד. ואחר כך כשבאו נצח והוד למלוך נתפשטה אחוריים דאימא תחלה מצד שמאל, יותר למטה עד מקום גבורה דז"א של אחד התיקון, שהוא כנגד הוד של קודם התיקון. וכשבא היסוד למלוך היה בכלי שלו אור החסד, והוצרך להתפשט אחוריים דאבא שהיו תחלה בקו ימין במקום חסד של קודם התיקון, עתה נתפשטו עוד יותר למטה עד מקום חסד של אחר התיקון, שהוא כנגד הוד של קודם התיקון. **הנה** לפי מה שכתב שהחסד וגבורה של אחר התיקון, הם כנגד מקום הוד של קודם התיקון. צריך להבין מה מקשה הרב בסמוך - ואם תאמר ולמה נתפשטו עד מקום

מקום הַחֶסֶד וּגְבוּרָה של אחר התיקון **כנזכר לעיל**[50], כאשר האורות דחסד ונצח התלבשו באחורי

כלי אבא עילאה, והאורות דגבורה והוד התלבשו באחורי הכלי אימא עילאה.◆

הגה"ה[51] למוהרח"ו ז"ל. **נראה לענינות דעתי חיים. כי** גם בקו האמצעי הוא כן, **מה שנתפשט מכלי**
הכתר דנקודים, **הוא** בחינת אחורי **הנה"י שלו** ר"ל של הכתר דנקודים, **שגם הם נפלו**[52] בסוד התלבשות

החסד וגבורה, ולא נתפשטו עד מקום הנצח והוד וכו'. והלא לפי הנזכר לעיל, כבר נתפשטו עד הוד. אלא מה
שמקשה הרב למה לא נתפשטו עד נצח והוד, הם נצח והוד של אחר התיקון, שהם יותר למטה עד סוף
האצילות, כמו שדקדק בלשונו הטהור, בתירוצו שכתב וז"ל - ולכן לא היה בהם כח להתפשט בכל אורך
הקוים וכו'. ר"ל בכל אורך קו ימין וקו שמאל. ומה שהקשה להרב למה לא נתפשטו עד נצח והוד של אחר
התיקון. נתבאר הטעם במבוא שערים ש"ב ח"ב פ"ה ד"ח ע"א וז"ל - ואם תאמר ולמה לא נתפשטה הבינה עד
הוד, כל קו שמאלי, כדי שישאר אור ההוד במקומו, ולא כלול בגבורה. וכן באבא אירע זה גם כן במלוך
שנתפשט היסוד עד החסד, כמו שכתב - ולמה גם הוא לא נתפשט עד הנצח, כל קו ימין, והענין וכו', יעו"ש.
ובמה שפירשנו יתורץ קושיא שנית שהקשה הרב שעה יפה שם ז"ל בפרק ד' משער השבירה באות א', יעו"ש.
48

בית לחם יהודה ש"ט פ"ד ד"ל ע"א – מה היה ענין התפשטות הנ"ל. כלומר והלא אין בחינת התפשטות
הפרצופים שייך כי אם בזמן התיקון, ולא בזמן הנקודים. ועוד אמאי נתפשטו עד מקום החו"ג, ולא למעלה
מזה, עד סיום הדעת דנקודים.
49

ע"ח ש"ט פ"ג מ"ג דמ"ג ע"ד – אחר כך מלכו נצח הוד, והיו צריכין לבא למלוך במקומם, בכלי הראוי
להם. והנה לא מצאו מקומם פנוי, כי שם ירד אור הגבורה כנזכר לעיל. **ולכן הוצרכה הבינה להתפשט דרך**
קו שלה, שהוא צד שמאלי, עד מקום הראוי להיות אחר כך מקום הגבורה האמיתי, אחר התיקון. כי עתה
היו כולם זה על גבי זה. ואז כראות אור הגבורה כי כבר היה בחינת כלי במקומה, עלתה לה במקומה.... ואז
ירדו נצח הוד במקומם האמיתי, ומלכו שם בכלי שלהם, ונשברו. ואז האור שלהם עולה עד הגבורה, כי עלה
שם הוד, להיותו גם הוא קו שמאל, ואז גם הנצח עלה עמו שם, כי נצח הוד שני פלגי דגופא אינון כנזכר
לעיל... ואחר כך יצא אור היסוד, והנה היה במקומו אור החסד כנזכר לעיל. **ואז הוצרכה כלי החכמה**
להתפשט דרך קו ימיני, עד מקום הראוי להיות חסד האמיתי אחר התיקון, ואז עלה שם אור החסד ונכלל
בכלי החכמה.
50

ע"ח ש"ט פ"ב מ"ת דמ"ב ע"ב – אמנם האחוריים של אבא, הם בצד ימין בחסד דז"א. והאחוריים דאימא
הם בצד שמאל, בגבורה דז"א. וזה הדרוש יצטרך במקומו, ושם יתבאר בע"ה. והנה כאן במקום הזה הוא מקום
ירידת ונפילת אחורי או"א שאמרנו לעיל, שירדו באצילות עצמו, כי אף על פי שהכלים דז"א נשברו, עם כל
זה האורות דז"א נשארו מלובשים באלו האחוריים דאו"א עילאין, כל קו החסד דז"א **באחורי אבא**, וכל קו
הגבורה מלובש **באחוריים דאימא. והבן הקדמה זו מאד.**
51

כרם שלמה ש"ט פ"ד אות א' – ומפני שלא כתב הרב ז"ל כאן כי אם התפשטות של חו"ב, וכן לא כתב כי
אם ההתלבשות של אורות החסד וגבורה, והנצח והוד לכן כתב **מוהרח"ו** ז"ל **בהגה"ה**, שמה שהזכיר הרב
ז"ל בחינת קוין דימין ושמאל, הוא הדין נמי בחינת קו אמצעי שנתפשט, שקראו הרב ז"ל כתר, לעיל בפרק ג',
הוא ההתפשטות שנעשה על ידי נה"י דא"א, שנתפשטו גם כן עד כאן. וזהו שכתב **כי מה שנתפשט מהכתר**.
פירוש, שהוא להלביש לצורך אור התפארת והדעת והיסוד והמלכות, **הוא הנה"י שלו**, ר"ל **על ידי הנה"י** של
הכתר, **שגם הם נפלו עד כאן**, ובכוחם ועל ידם נתפשט הכתר גם כן עד כאן, כדי להלביש את האורות אלו
שהם אור הדעת, ואור התפארת, ואור היסוד, ואור המלכות. ופשוט הוא מפני שנתערבו האחוריים שנפלו
בראשונה עם ההתפשטות האחוריים האלו שנתפשטו עתה, ונעשו כגוף אחד, לכן ברוב המקומות תמצא וכמעט
בכולם קורא שהאורות האלו של החסד וגבורה והנה"ים, הם נתלבשו באלו האחוריים דאו"א, ונה"ים דכתר

המוחין דחו"ג באו"א, כדי להלביש את אור התפארת דנקודים, ואחר כך עלו לאחורי הנה"י דכלי הכתר שהתפשט האורות דדעת, יסוד ומלכות דנקודים.

וְהָעִנְיָן [53] **הוּא** [54] **כִּי הָיָה עַל יְדֵי (אוֹתָן)** [55] **כֹּחַ** [56] **הָאֲחוֹרַיִים דְּאוּ"א שֶׁנָּפְלוּ עַד מְקוֹם חֶסֶד** [57] **וּגְבוּרָה** שאחרי התיקון **כנזכר** [58] **לעיל,** כלומר [59] אותם הכלים דאחורי או"א עילאין שנתבטלו,

---

שנפלו עד כאן, וקורא להתפשטות הזה בחינת האחוריים דאו"א ונהי"ם דכתר, וכמו שכתב גם כן זה בהקדמת **הרש"ש** בראש דרושו.

52

ע"ח ש"ח פ"ו מ"ת דט"ל ע"ב – והנה מה שמבואר שנפלו האחוריים דאו"א, הוא על בחינת חו"ג המגדילים האחוריים, ומחזירים פנים בפנים. לכן אל תתמה אם אנו אומרים ומכניס בחינה זו פעם פנים בפנים, ופעם אחור באחור, והוא על בחי' החו"ג אלו,)**שהם הבחינה שהגדילו האחוריים, וכל זה נפל למטה(והוא על) בחינת חו"ג שלוקחים או"א מן הכתר, שהוא א"א,** כדי להחזירם פנים בפנים.

53

מבוא שערים ש"ב ח"ב פ"ו ד"ח ע"ד – ונמצאו אחורי או"א עילאין יושבין פה למטה. באופן זה, כי אחורי אבא יושבים בקו ימין, במקום שהיה חסד דז"א, שהוא מלך השני. ואחורי אימא, במקום שהיה מלך השלישי, שהוא גבורה דז"א, כנודע כי או"א היו בסוד קוים כנזכר לעיל פ"ו מחלק א', ובכח היות אלו האחוריים שנפלו עד כאן, זהו בחינת הכלי החדש שעשו או"א שנתפשטו עד פה, ועלו שם אור החסד והגבורה כנזכר לעיל בפרק ה', והתפשטות ההוא הוא עצמו בחינת האחוריים האלו שנפלו עד שם, ולא נפלו יותר למטה, כי שם נגמרה נפילתם, בעת מיתת החסד והגבורה ושליש התפארת, ולכן נשארו שם, ונתעלמו אחר כך, ונתלבשו אורות חסד וגבורה בשני האחוריים האלו, וגם אורות הנצח וההוד כנזכר לעיל בפרק ה', אלא שהכל למעלה במקום החסד והגבורה, והבן זה היטב.

54

בית לחם יהודה ש"ט פ"ד ד"ל ע"א – והענין הוא כי היה על ידי כח האחוריים דאו"א שנפלו עד מקום החו"ג. ועל ידי האחוריים יכלו החו"ב להתפשט עד חסד וגבורה, כי אורות האחוריים הם סייעו לבחינת התפשטות להגיע עד שם. שמע מנה שההתפשטות לחוד, והאחוריים לחוד. כי התפשטות היא נעשה אחר נפילת האחוריים, בזמן עליית הגבורה והחסד מכלים דנה"י של המלכים, כמו שכתוב בפרק ג' דלעיל, וכבר קדם להם נפילת האחוריים דאו"א עלאין. אלא שלשון מבוא שערים דף ח' ע"ד קשה, שכתב והתפשטות הזה הוא עצמו בחינת האחוריים דאו"א שנפלו עד שם, יעו"ש. וכבר עמד בזה בהגהות השמ"ש ז"ל בפרקין, והניח בצריך עיון. ויש לדחוק קצת בלשון מבוא שערים הנזכר ולומר כי לפי שהחצי האחוריים שנפלו, וחצי האחוריים שנתפשטו, כולם הם בחינת אחוריים אחד לבד, משום הכי אמר במבוא שערים הנזכר שהתפשטות זה הוא עצמו בחינת האחוריים דאו"א שנפלו עד שם, וכו'. ובזה יתיישבו קושיית השמ"ש ז"ל דפרקין, וקושיית הרב יפה שעה ז"ל בפרק ג' דלעיל, באות ו', יעו"ש.

55

תורת חכם דל"ה ע"א – ובזה אני מבין דברי הרב ז"ל שכתב שער ט', שער שבירת הכלים פרק ד'. על מה שכתב על ידי כח אותם האחוריים שנפלו על מקום חסד וגבורה וכו'. וגם בספר מבוא שערים ש"ב ח"ב פ"א [**אח**]**י - צ"ל פרק ו'.** כתב וז"ל - והתפשטות הזה הוא בחינת האחוריים דאו"א שנפלו עד שם, ולא ירדו יותר למטה, כי שם נגמרה נפילתם במיתת החג"ת, ולכן נשארו שם. ואחר כך נתלבשו אורות חג"ת ונה"י בהם, אלא שהכל למעלה במקום חג"ת, עד כאן. וכתב מורי הרב ז"ל - וצריך עיון, והלא בעת מיתת החסד וגבורה נפלו האחוריים הנזכרים, ולא בעת מלוכת הנה"י. ועוד שסדר נפילת האחוריים הנזכרים הוא שתחילה נפלו אחוריים דאבא, ואחר כך דאימא, ובזה התפשטות היה להפך, תחילה נתפשטה אימא, אחר התפשטות הנה"י דא"א, ואחר כך אבא. והאריך לחזק הקושיות, והניחם בעיון עיין שם. ובודאי כוונתו באלו הקושיות לעורר אותנו, כדי שנבין כוונת הרב ז"ל, **והקושיות הם חצי ההבנה של הענין.** והנה תחילה נבאר שאלו האחוריים דנה"י דכתר אינו דא"א דכתר דא"א הכולל, כי אם דכתר דאו"א כמו שיראה המעיין היטב בדברי מורי הרב ז"ל בכוונת הקריאת שמע, דהיינו בהקדמת הקריאת שמע, ומה שנראה מדברי הרב ז"ל, ומתוך דברי מורי הרב ז"ל בכל

31

מקום שאו"א דפרצוף הקו האמצעי דז"א נקרא בשם א"א, **אַף עַל פִּי שֶׁדִּבְרֵי הָרַב ז"ל מוֹרִים לְהֶפֶךְ, אֵין לְהַשְׁגִּיחַ, כִּי כֵּן דַּרְכּוֹ ז"ל לְהַלְבִּישׁ הַדְּבָרִים אַף עַל פִּי שֶׁאֵינוֹ כֵן.** ובכן במקום אחד קרא לאו"א דפרצוף הימין דז"א אבא, ודפרצוף השמאל דז"א אימא, ודפרצוף האמצעי א"א. וגם צריך לידע שגם בפרצוף הימין דז"א יש כל מה שיש בכללות, דהיינו אחוריים דא"א ולאבא ודאימא דא"א, ר"ל לכלי החיצון דז"א, ודאימא כלי אמצעי, ודאבא כלי הפנימי. ואם כן האמת הוא כי תחילה נשברו הכלים דז"א מצד המ"ה, ונקרא בשם חסד דז"א דב"ן, ונפלו אחורי הב"ן דימין, ואחר כך דשמאל, שהם או"א דשמאל, הנקרא אימא. כשנשברו הכלים דפרצוף השמאל דז"א הנקרא בשם גבורה דז"א, שהם דב"ן. אבל בסדר נפילתם דכל אחד מהם, היה בתחילה נפלו אחורי נה"י דא"א, שהם או"א דא"א, ואחר כך אחורי אימא, שהם או"א הכלים האמצעים דז"א, ואחר כך אחורי או"א דכלים הפנימים דז"א, הנקראים בשם אחורי אבא, ר"ל שבתחילה האדם זוכה לנפש, לכך מלכו המלכים דכלי החיצון דז"א שהם בחינת נפש, ואחר כך של הרוח, ואחר כך של הנשמה. ולכך לא נפלו אלו האחוריים כי אם בעת מלוכת הנה"י, כי אלו הנה"י הם הנה"י דפרצוף החסד דז"א, שהם פרצוף המ"ה דז"א, שכשנשברו פרצופי החו"ב דז"א דמ"ה, הנקראים בשם חסד, בודאי כבר נפלו אחורי פרצופי חו"ב דאו"א עילאין לימין, מפני שהם פרצופים גמורים. וכשבאו למלוך הנה"י שהם הזו"ן של החסד, שהם הזו"ן דימין, כבר מצאו החו"ב האחוריים דאו"א עילאה דימין להתלבש בהם. וזה שכתב הרב ז"ל נתארך כלי הבינה בכח אחוריו שנפלו, ר"ל שכבר נפלו, בעת מיתת החו"ב, ולזה הזכיר התפשטות האחוריים בעת מלוכת הנה"י, לומר שאלו הנה"י הם מהחג"ת שעדיין לא נגמרו להתפשט, ועדיין הולכים ומתפשטים בעת מיתת הנה"י. ואלו הישסו"ת שחזרו פנים בפנים בעת מלוכת הנה"י הם ישסו"ת דאו"א עילאין. ואחר כך אירע כן ממש בנה"י הכוללים.
56

אֵיפֹה שְׁלֵימָה, שַׁעַר הַנְּקוּדִים פ"י דִּי"ד עַ"ד)ב(– בכח אותם האחוריים של או"א וכו'. בפרק ד' משער השבירה כתב **הַשְׁמַ"שׁ** וז"ל – השמ"ש נ"ב, וגם בספר מבוא שערים ש"ב ח"ב פ"ו ד"ח ע"ד כתב, וז"ל – וההתפשטות הזה הוא עצמו בחינת האחוריים דאו"א שנפלו עד שם, ולא נפלו יותר למטה, כי שם נגמרה נפילתם במיתת החג"ת, ולכן נשארו שם. ואחר כך נתעלמו ונתלבשו אורות חג"ת ונה"י בהם, אלא שהכל למעלה במקום חג"ת, עד כאן לשונו. וצריך עיון, והלא בעת מיתת חסד וגבורה נפלו האחוריים הנזכרים, ולא עתה בעת מלוכת הנה"י. ועוד שסדר נפילת אחוריים הנזכרים הוא שתחלה נפלו אחוריים דאבא, ואחר כך נפלו אחוריים דאימא, ובזה ההתפשטות היה להפך, תחלה נתפשטה אימא, ואחר כך אבא. ואין לומר שההתפשטות הזה כבר היה מעת מיתת החג"ת. ומה שכתבו הרב עתה בעת מלכות הנה"י, לא לומר שעתה נתפשט, אלא לומר כי מה שנתפשטו החו"ב במיתת החסד וגבורה, עד מקום החסד וגבורה, היה לצורך זה כדי שיעלו אורות החסד וגבורה והנה"י, להתלבש בהם עתה אחר מיתתם. אמנם האחוריים הנזכרים כבר היו מפושטים מעת ירידה החסד והגבורה, זה אינו כי אם היה כך היה להם לאורות החסד וגבורה להישאר שם מלובשים בהם, ולא ליפול למטה אור החסד ליסוד, ואור הגבורה לנצח והוד, וכמו שעשה אור התפארת. ואף על פי שיש לימד כי מה שירדו למטה, היה כדי להאיר לכלים שלהם, הואיל והיו כלים ריקנים למטה, עד שלא באו בעליהם למלוך. וכשבאו בעלי הכלים, אז עלו למעלה להתלבש באחוריים הנזכרים דחו"ב, כי גם זה אינו כי כבר כתב הרב לעיל בפרק ג' על אור הדעת, כי מה שירד להתלבש בכלי המלכות, היה לסבת שלא היה למעלה במקומו כלי הראשון, אם היה כלי זה לא היה יורד, וצריך עיון. **אֵיךְ** שיהיה, מכאן אנחנו לומדים שאחוריים דאו"א מהם נעשה ההתפשטות הנזכר, ובעת התיקון חזר ההתפשטות הנזכר, להיאסף למעלה במקומו בספר אוצרות חיים, בשער זה הוא פרק ב'[כתב כשהזו"ן פנים בפנים שאז הם אחר כך נעשו יעקב ולאה. וצריך עיון כי צריך עיון כי לעיל בפרק ח']**אַחַ"י** - בספר אוצרות חיים, בשער זה הוא פרק ב'[כתב כשהזו"ן פנים בפנים שאז נה"י דאו"א בז"א ונה"י דישסו"ת בנוקבא, אז יוצאים ב' בחינות יעקב ולאה, אחד בז"א, ואחד בנוקבא. וצריך עיון, עיין לעיל בהגהה שכתבתי בפרק ב']**אַחַ"י** - בספר אוצרות חיים, בע"ח הוא פרק ב' דשער הנקודים[שם כ', תירוץ על זה וז"ל בקיצור - צד ימין דא"א הנקראים בפרטות או"א, מתלבשים בז"א, ואימא מתלבשת צד שמאל, ונקראת ישסו"ת, הם מתלבשים בנוקבא. ובזה אמר שם שיוצאים ב' בחינות יעקב ולאה, אחד בז"א ואחד בנוקבא, עין שם, עד כאן לשונו. וכתב הרב אליהו מני ז"ל בהגהותיו כתב יד על השמ"ש וז"ל - אחרי התאבקי בעפר כפות רגליו, אפשר לייישב קצת, ולא יהיו דברי הרב סתרי אהדדי, והוא שנפילת או"א לחוד, והתפשטות זה לחוד, דהיינו שמצד פגם עצמם נפלו תחלה אחורי אבא, ואחר כך אחורי אימא,

וכבר נודע שבחינת האחוריים בכל מקום הוא בחינה חיצוניות. ועתה לצורך הלבשת האורות דחסד וגבורה, ונצח והוד, נתפשט גם פנימיותם, אותם שלא היה בהם ביטול כלל, וזהו שדקדק רז"ל וכתב - על ידי אותם האחוריים שנפלו וכו', ולא אמר הם אותם האחוריים שנפלו. ופירושו, דכיון שביטול האחוריים שהוא החיצוניות שנפלו מצד פגם עצמם, נפלו עד כאן, ולא למטה משיעור זה, ולא למעלה, גם בעת שנתפשטו, היה עד פה, וכל זה היה בכח אותם האחוריים ובסיבתם. וזהו שכתב מהרח"ו ז"ל בהגהתו - ונראה לעניות דעתי חיים, שמה שנתפשט מכתר הוא נה"י שלו, שגם הם נפלו, עד כאן. ואם כבר נפלו האיך חזרו ונתפשטו, אלא ודאי שזה הוא התפשטות מחודש, והיא בסוד פנימיותם, וזה שדקדק הרב הקדוש ז"ל ושינה בלשון, שכאן כתב לשון התפשטות, וכאן לשון נפילה. ויש לי ראיה שזה ההתפשטות הוא דבר מחודש, שהרי סיים הרב הקדוש - אמנם טעם למה וכו', עם היותם אחור באחור, עד כאן. הרי בפירוש שבשעה שנתפשט הכתר בקו האמצעי, כבר נתבטלו ונפלו אחורי או"א והוחזרו אחור באחור, ואם כן איך אפשר לומר שהנפילה ההיא היא עצמה ההתפשטות הנזכרת. ואף שלשון מבוא שערים קשה קצת, לפי הפירוש על דרך זה, צריך לדחוק הלשון קצת, וא"ש את"מ, עד כאן לשונו. המורם מדברי הרב אליהו מני ז"ל, כי התפשטות או"א כדי להלביש חסד וגבורה, ונצח והוד היא היתה בחינת הפנים דאו"א. ודומה לזה כתב בהגהה לאחד מן קדושים אמ"ן ז"ל, והעתקנו לשונו לעיל בפרק ט' באש"ל **[אח"י** – בשער זה הוא פרק ג'], וז"ל בקיצור - התפשטות הכתר להלביש אורות הדתי"ם הוא בחינת תפארת דכתר, שלא היה בו פגם, יעוש"ב. **אמנם** מרן הקדוש הרש"ש זיע"א, בספרו הטהור נהר שלום בדף י"ג סוף ע"ד **[אח"י** - בדפוס ע"ח דשנת עת"ר חלק ג' די"ח ע"א], בענין קריאת שמע דיוצר כתב שם וז"ל - ואז הזו"ן מתערורים, ומבררים ממה שנשאר מכלים דאחוריים דאו"א וישסו"ת, שעדיין לא הובררו שנפלו במיתת המלכים במקום זו"ן, אחורי או"א עד חזה דז"א, ואחורי ישסו"ת במקום הנוקבא מחזה דז"א עד סוף האצילות, ובתוכם לנתונים שארית האורות של המלכים, אותם המדרגות העליונות של האורות שלא ירדו עם הכלים לבי"ע, וכפי שיעור הבירורים העולים מבי"ע כך נבררים ועולים מאחוריים דאו"א, שהם אותם החלקים שבהם מלובשים חלקי האורות העליונות, של אלו הבירורים של הכלים והרפ"ח דאורות שנבררו היום, ועלו מבי"ע כפי זכות הזמן, וכח המכוון וזכותו, ועוצם כוונתו, כך ריבוי או מיעוט הבירורים שעולים מבי"ע, ובערכם מתבררים גם כן מאחוריים ההם דאו"א וישסו"ת, ועולים עם חלקי האורות שבתוכם הראויים לבירורים אלו דמלכים שעלו, ואז בתוכם נכללים ועולים גם הבירורים דחח"ן בג"ה דמלכים אלו שעלו, ומתחברים עם אורותיהם, ועולים אחוריים הנזכרים למקומם, ואז מתעוררים או"א, ומבררים ממה שנשאר מאחורי נה"י דא"א שעדיין לא נבררו, שנפלו במיתת המלכים עד סיום כל התפארת דאצילות, ובתוכם נתונים אורות דתי"מ דמלכים וכו', יעוש"ב. וכן כתב עוד בדף כ"א ע"ג **[אח"י** - בדפוס ע"ח דשנת עת"ר חלק ג' די"ט ע"ד]. ומפורש מדברי קודשו שמה שנתפשט מן הכתר להלביש אורות דתי"מ דמלכים הם אחורי נה"י דכתר שנפגמו, ונתפשטו עד סוף התפארת דמלכים, וכן מה שנתפשט מאו"א להלביש אורות חסד וגבורה, ונצח והוד דמלכים הם בחינת אחוריים שלהם שנתבטלו. גם אחוריים הנזכרים הם נתפשטו עד חזה דז"א של אחר התיקון, שהוא כנגד מקום הוד של קודם התיקון, וזה דלא כהרב אם"ן, ולא כהרב אליהו מני ז"ל. ועוד יש לדייק מדברי הרש"ש, שכאן כתב דאחוריים דאו"א ירדו עד חזה דז"א של אחר התיקון, והוא כמו שכתב במבוא שערים פרק ה' הנזכר לעיל. ובהגהה הנזכרת לעיל של השמ"ש הביא מה שמבואר במבוא שערים פרק ו', משמע מדבריו שסובר שאחוריים דאו"א נתפשטו שני פעמים. תחילה ירדו עד חסד וגבורה של קודם התיקון, ואחר כך נתפשטו אחוריים הנזכרים עוד יותר, עד חסד וגבורה של אחר התיקון, כך נראה לעניות דעתי בהבנת דברי קודשו, ודו"ק. ושורש דבריו הקדושים הללו הם יוצאים מהמבוא שערים שער ב' ח"ג פ"ג דף י"א ע"ד.

57

השמ"ש [ב] – נ"ב)יא(וגם בספר מבוא שערים שער ב' ח"ב פ"ו כתב וז"ל שם - והתפשטות הזה הוא עצמו בחינת האחוריים דאו"א שנפלו עד שם, ולא נפלו יותר למטה, כי שם נגמרה נפילתם במיתת החג"ת. ולכן נשארו שם, ואחר כך נתעלמו ונתלבשו אורות חג"ת ונה"י בהם, אלא שהכל למעלה במקום חג"ת, עד כאן לשונו. וצריך עיון, והלא בעת מיתת חו"ג נפלו האחוריים הנזכר, ולא עתה בעת מלוכת הנה"י. ועוד שסדר נפילת האחוריים הנזכר, הוא שתחילה נפלו אחוריים דאבא, ואחר כך נפלו אחוריים דאימא, ובזה ההתפשטות היה להיפך, תחילה נתפשטה אימא, ואחר כך אבא. ואין לומר שההתפשטות הזה כבר היה מעת מיתת החג"ת. ומה שכתבו הרב עתה בעת מלוכת הנה"י, לא לומר שעתה נתפשטו, אלא לומר כי מה שנתפשטו החו"ב במיתת

חו"ג עד מקום החו"ג, היה לצורך זה כדי שיעלו אורות החו"ג והנה הי להתלבש בהם עתה אחר מיתתם. אמנם האחוריים הנזכר כבר היו מפושטים מעת מיתת החו"ג. זה אינו כי אם היה כך היה להם לאורות החו"ג להישאר שם מלובשים בהם, ולא ליפול למטה, אור דחסד ליסוד, ואור הגבורה לנצח והוד, וכמו שעשה האור התפארת. ואף על פי שיש לומר כי מה שירדו למטה היה כדי להאיר לכלים שלהם, הואיל והיו כלים ריקנים למטה, עד שלא באו בעליהם למלוך, וכשבאו בעלי הכלים, אז עלו להתלבש באחוריים הנזכר דחו"ב, כי גם זה אינו, כי כבר כתב הרב לעיל בפרק ג' על אור הדעת כי מה שירד להתלבש בכלי המלכות, היה לסיבת שלא היה למעלה במקומו כלי. הא אם היה כלי, לא יהיה יורד, וצריך עיון. איך שיהיה מכאן למדנו שאחוריים דאו"א מהם נעשה ההתפשטות הנזכר, ובעת התיקון חזר ההתפשטות הנזכר להאסף במקומו למעלה, במקום ג"ר, כמו שכתב לקמן בשער יו"ד פרק א' והאחוריים דישסו"ת מהם נעשו יעקב ולאה.)יב(וצריך עיון, כי לעיל פרק ב' כתב כי כשהזו"ן פנים בפנים, שאז נה"י דאו"א בז"א, ונה"י דישסו"ת בנוקבא, אז יוצאים ב' בחינת יעקב ולאה, אחד בז"א, ואחד בנוקבא. וצריך עיון, עיין לעיל בהגהת שכתבתי בפרק ב'.

הגהות וביאורים)י"א(—)בהגהה להשמ"ש(א"ה עיין דברי שלום ד"ז ע"ג שאלה ז'. ועיין תורת חכם דל"ה ע"א, ועיין עוד שם דק"ב ע"ב.
הגהות וביאורים)י"ב(—)בהגהה להשמ"ש(עיין תורת חכם דק"ב ע"א.
58

הגירסא בספר אוצרות חיים — **כנזכר לעיל.**
59

תורת חכם דק"ב ע"ב — ובזה מתיישב מה שהקשה מורי הרב ז"ל, על מה שכתב הרב ז"ל בספר מבוא שערים ש"ב ח"ב פ"ו ז"ל - וההתפשטות הזה של האחוריים דאו"א הוא עצמו בחינת אחוריים דאו"א שנפלו עד שם, ולא נפלו יותר למטה, כי שם נגמרה נפילתם במיתת החג"ת. ולכן נשארו שם ואחר כך נתעלמו אורות נה"י וחג"ת בהם. אלא שהשכל למעלה במקום החג"ת, עד כאן. צריך עיון, והלא בעת מיתת החג"ת נפלו אחורי או"א, ולא עתה בעת מלוכת הנה"י, עד כאן. והנה כתב בספר מבוא שערים ש"ב ח"ד פ"ח ז"ל - במה שמבואר בפרשת פקודי נצוצין זריק לכל עיבר, וברריר פסולת מגו מחשבה וכו', הרי כי הניצוצין אלו למטה בבריאה היא לברר הפסולת והקליפות שבהם בכח המחשבה העליונה, וכמו שהניצוצין להכתש אומנא בפרזלא דעכין לאלתר. כן אלו הניצוצין דעכו ומיתו ושבו אל העפר, ואז נתבררו, עד כאן לשונו. הרי שהמלוכה והמיתה הם ברגע אחד, שאינם ראויים לקבל המוחין שהם אחוריים דאו"א, לכך מתים ומתברר הטוב שבהם, ומלביש הטוב שבהם שבהם לאחוריים דאו"א, **והם כמה מיני התפשטות אחוריים דאו"א, אחר שנתפשטו האחוריים האמיתיים** לצורך הפנים דפנים דז"א. ונתפשטו האחוריים דפנים דפנים דז"א, לצורך האחור דפנים דז"א. והפנים דאחור דז"א, לצורך האחור דאחור דז"א. והאחור דאחור דז"א, לצורך הנה"י דז"א. לכך כתב הרב ז"ל נפילת האחוריים בעת מלוכת הנה"י, לומר כי מה שנתפשטו האחוריים של החג"ת בעת מלוכת הנה"י, כדי לתת להם מוחין, זה נקרא נפילת אחוריים דאו"א. כי כל מאן לנחית מדרגא קדמאה קרי ביה מיתה, וכן כתב בש"ב ח"ב פ"ו - כי בכל יציאת אורות מחודשים, אינו אלא על ידי צמצום אור, וזהו קרוב אל ביטול המלכים, עד כאן לשונו. **נמצא כי כעת יציאת האורות למלוך, כבר יש נפילת אחוריים דאו"א,** נמצא כי התפשטות והנפילה הכל אחד הוא, וכתב הוא שם שהמלכים נקראים ניצוצות, שהם בחינת נקודות, והנקודות הם בחינת ניצוצין, עד כאן. ומה שהקשה עוד מורי הרב ז"ל שאיך כתב שהנפילה הוא בחינת התפשטות, והלא בנפילה תחילה נפלו אחורי אבא, ואחר כך אחורי אימא, וההתפשטות תחילה נתפשטו אחורי אימא, ואחר כך אבא. כמדומה שכבר כתבתי במקום אחר שנה"י דא"א שכתב הרב ז"ל שנתפשטו תחילה הוא בחינת כלי החיצון דא"א שהוא בחינת ו"ק, שהוא בחינת דעת, ואלו קראם בשם נה"י דא"א, שא"א הוא בחינת דעת עליון דכללות האצילות. זהו לבד נה"י דא"א האמיתיים שנפגמו, כך נקרא כלי החיצון, והאמצעי נקרא בשם אימא, והפנימי אבא. וכן הקו ימיני של כל אחד ואחד נקרא אבא, והשמאלי אימא, והקו האמצעי א"א. מעתה מובן הענין שבתחילה נתפשטו א"א, שהוא אחוריים דא"א של הכלי החיצון שלהם, הנקרא בשם א"א. ואחר כך האמצעי, הנקרא בשם אימא. ואחר כך האחוריים של הכלי הפנימי שלהם, הנקרא בשם אבא. אבל בכל בחינה מהשלשה בחינות הנזכרים, תחילה נפלו אחוריים דקו ימין, של כל אחד הנקרא אבא, ואחר כך האחוריים של הקו שמאלי, לכל אחד ואחד הנקרא בשם אימא. ומה שכתבת שהקו האמצעי דאחוריים דאו"א נקרא בשם א"א, כן נראה בהדיא מדברי מורי הרב ז"ל, בהקדמת הקריאת שמע, ועיין שם.

כאשר מתו ונשברו הכלים דחסד, גבורה ושליש העליון דתפארת דנקודים, **ואלו**[60] **הם הבחינות** של האחוריים של הכלים דאו"א עילאין **שנתפשטו דרך הקוין** עד מקום החזה דתפארת שאחרי התיקון, והם **הלבישו את** האורות של **החסד וגבורה, ואת** האורות של **הנצח והוד.**

השאלה היא, למה לא יתפשטו או"א עילאין יותר למטה, עד מקום הכלים דנצח והוד אחרי התיקון, כך לא יצטרכו האורות דנצח הוד דנקודים להתלבש עם אור החסד והגבורה דנקודים, הנמצאים באחורי הכלים דאו"א עילאין שהתפשטו עד מקום החסד והגבורה אחרי התיקון. ואם היו אחורי הכלים דאו"א עילאין מתפשטים עד מקום הנצח והוד שאחרי התיקון, כדי שיהיו קרובים לכלים שלהם, ויכלו להאיר להם. מבאר הרב ז"ל כי[61] **עיקר הסיבה** היא כי עד מקום התפשטות הכתר דנקודים, יהיה מקום התפשטות או"א הזמן התיקון, שהוא מקום התפארת שאחרי התיקון.

ואמנם[62] [63] **הטעם**[64] **למה נתפשטו** אחורי הכלים דאו"א עילאין **עד מקום החסד וגבורה** של אחר התיקון, **ולא**[65] **נתפשטו עד מקום נצח**[66] **והוד** שלאחר התיקון, כי[67] אם היו

בית לחם יהודה ש"ט פ"ד ד"ל ע"א – ואלו הם הבחינות שנתפשטו דרך הקוין והלבישו את החו"ג ואת הנצח והוד. מלשון זה מבואר שאורות החו"ג ונצח והוד הם נתלבשו בבחינת התפשטות החדשים, ולא באחוריים דאו"א שנפלו. אמנם במבוא שערים ד"ח ע"ד כתב וז"ל - ונתלבשו אורות חו"ג בשני האחוריים האלו, וגם אורות הנצח והוד, וכך כתב בשער הקדמות דף כ"ב ע"ג, יעו"ש. ועיין בפרק ג' דלעיל בד"ה ולכן הוצרכה הבינה וכו', שכתבנו שם. כי על ידי התפשטות הנזכרת, נתקנו קצת גם האחוריים דאו"א משבירתם, והיו בחינת כלים חדשים, והלבישו החו"ג והנצח והוד, יעו"ש. נמצא שהתפשטות והאחוריים נעשו שניהם בחינה אחת, ובהם נתלבשו אורות החו"ג והנצח והוד.

מבוא שערים ש"ב ח"ב פ"ה ד"ז ע"ד – נמצא כי במקום שנתפשט עתה מזה זה הכתר, שהוא עד חצי התפארת דז"א, **שם יהיה ממש אחר כך בעת התיקון מקום התפארת שלו עצמו וטיבורו.** ונודע גם כן משערים הבאים, **כי או"א מלבישים לאריך מן הגרון שלו, עד טיבורו ושם מסתיימין,** ואם אף או"א אחרי התיקון לא יתפשטו יותר משיעור וזה, איך א"א שהוא עליון מהם יתפשט וישפיל עצמו קודם התיקון. מה שהתחתונים ממנו לא יתפשטו וישפילו עצמם למטה אף אחר התיקון. **ונראה לי חיים,** כי כמו שנבאר לקמן, כי סיבת התפשטות או"א עד חסד וגבורה לבד, **היה מן האחוריים שלהם שירדו שם. הנה כן יהיה בכתר. כי מה שנתפשט ממנו, היה בחינת נה"י שלו שנפגמה כנודע** כנזכר לעיל. ואמנם אחר התיקון, יתפשט כולו למטה עד סיום כל האצילות, לצורך ז"א, כי שם מקומו.

יפה שעה)א(– ואמנם הטעם שלא נתפשטו עד מקום נצח והוד, הענין הוא כו', והטעם שנתפשט הכתר עד הטיבור ולא יותר כו', ולכך איך יתפשט הכתר עתה יותר ממקום שאי אפשר לאו"א להתפשט, אפילו אחר התיקון. ואיך יהיה הכתר קטן ושפל למטה מהם, יעש"ב. ואם תאמר, והיא גופא תקשה לך, לאחר התיקון היאך היה שנתפשט הכתר יותר למטה מאו"א, והרי הוא נעשה קטן ושפל יותר למטה מהם, מאי אית לך למימר, אדרבא, במקום שמצינו ענוותנותו, שם מצינו גדולתו. זהו גדולתו של כתר, כי הוא מתפשט מראש האצילות עד סופו. מבריח מן הקצה העליון עד הקצה התחתון. וכל שאר הפרצופים מלבישים עליו. אבא ואימא עד הטיבור, וזו"ן מן הטיבור ולמטה, והוא מתלבש בתוכם, ונעשה להם נשמה. אם כן השתא נמי היה יכול להתפשט יותר מן הטיבור ולמטה, ומה לו אם יתפשטו אבא ואימא אחד התיקון עד שם. או לא יתפשטו, מאחר שאין התפשטות שלו תלוי בהתפשטות או"א. עוד קשה, למה לי טעמא אחרינא, שהתפשטות הכתר תוך או"א מפסיק ביניהם. ולכך לא היה להם כח לאבא ואימא ויכולת להתפשט יותר, למה לא נתן לנו זאת. הטעם עצמו שנתן בא"א. כי אין יתפשטו השתא או"א קודם התיקון מן הטיבור ולמטה, מה שלא יהיה להם כח להתפשט גם לאחד התיקון)עיין במבוא שערים דף כ', דשם כתב רבינו טעם דהתפשטות דא"א יותר למטה אחר התיקון עד סיום כל אצילות. הוא לצורך ז"א, כי שם מקומו, לא כן עתה קודם התיקון, יעו"ש. והיפה שעה

מתפשטים אחורי הכלים דאו"א עילאין עד מקום נצח והוד שלאחר התיקון, יכלו האורות דנצח והוד דנקודים להאיר לכלים שלהם, כמו שיתבאר לקמן, ועוד במקום זה עומדים ישסו"ת מהחזה עד קרקע האצילות◆

לא נזכר לו דברי רבינו שם. שמן ששון(. ואשר נראה לעניות דעתי, דהוא גופא הכי קאמר, והטעם שנתפשט הכתר עד הטיבור ולא יותר, מאחד שבחינתו הוא להתפשט מראש האצילות עד סופו. השתא נמי אמאי לא נתפשט יותר, ובא התשובה שאינו מתפשט א"א עד סוף האצילות, אלא לכשיהיה לו לבושין מלבישין עליו, שהם כל שאר הפרצופים כנודע. ואיך יתפשט הכתר עתה יותר ממקום שאי אפשר לאו"א להתפשט אפילו אחר התיקון, וכל שכן וקל וחומר עתה קודם שום תיקון, שאי אפשר לאבא ואימא להתפשט יותר, ואיך יהיה הכתר קטן ושפל למטה מהם השתא, ואין מי שילביש עליו, ונמצא יצטרך להישאר ערום, כי בהתפשטות זה הוא ממש היפך גמור, ממה שיהיה לו לאחר התיקון, שאחר התיקון הכתר הוא מתלבש תוך כל פרצופי האצילות, ובהתפשטות זאת אורות דו"ק הם נתלבשו בתוכו. ונמצא שאם היה מתפשט יותר מן הטיבור, היה נשאר ערום, מה שאין דרכו וכבודו. ואו"א גופייתו גם הם, מה שלא נתפשטו למטה מן הטיבור, אף על גב שלאחר התיקון, כשנה"י שלהם מתלבש בסוד מוחין תוך גופא דזעיר אנפין, מתפשט הנה"י שלהם עד סוף האצילות כנודע. ועיין מה שכתב רז"ל בשער סדר האצילות פרק א'. ואם כן גם השתא למה לא נתפשטו יותר למטה, ולזה תריץ יתיב, שמה שלאחר התיקון כשנה"י שלהם נכנס בסוד מוחין תוך גופא דז"א, מתפשטים עד סוף האצילות, היינו משום שקדם להם מוחין דא"א כנודע, שבתחלה לוקחים אבא ואימא מוחין מא"א, ועל ידי המוחין ההם מזדווגים גם הם אבא ואימא, וממשכין המוחין לזו"ן. ונמצא שכח ויכולת שיש להם להתפשט עד סוף האצילות בסוד מוחין, אינו אלא על ידי א"א, הממשיך להם מוחין. לא כן השתא, שאדרבא לא די שלא נמשך להם כח ויכולת מא"א מצד אחד, על ידי הקו שמתפשט מא"א ונמשך ומפסיק ביניהם, יש להם הפסד בדבר, לכך לא היה להם כח ויכולת להתפשט יותר. ונמצא לפי זה, כי זה גורם לזה, וזה גורם לזה, קו התפשטות הכתר לא נתפשט מן הטיבור ולמטה, יען אין מי שילביש ויכסה עליו, כי קוין דחו"ב לא נתפשטו יותר לכסות עליו, ואי אפשר לו להיות ערום. וקוין דחו"ב לא נתפשטו, יען גרע כחם מסיבת קו הכתר, את זה נראה לעניות דעתי כוונת דברי רז"ל.
63

שער ההקדמות, דרוש בסדר ירידת ז' מלכים ונפילתם וירידת אחוריים דאו"א ואיך נעשה הכל ביחד דכ"ב ע"ג – והנה צריך לתת טעם למה לא נתפשטו יותר עד מקום נצח והוד כנזכר. ואמנם אף על פי שבבחינת היות הכתר מפסיק ביניהם, נמשך ביניהם חסרון הארה הארה כנזכר. עם כל זאת בבחינה אחרת הנה הם עתה מקבלים הארה מן הכתר המתפשט ביניהם, ולכן להיות בהם שני בחינות אלו הפכיות, לכן היה בהם כח התפשטות למטה דרך קוים קיום כנזכר, אך לא התפשטות שלם.
64

שמן ששון ש"ט פ"ד אות ג' דכ"א ע"א – ואמנם הטעם למה נתפשטו עד מקום החסד וגבורה, ולא נתפשטו עד מקום נצח והוד, פירוש או"א, דאילו לנצח הוד נתפשטו ישסו"ת.
65

בית לחם יהודה ש"ט פ"ד ד"ל ע"ב – ולא נתפשטו עד מקום נצח הוד. כדי שלא יצטרך אור הנצח להכלל בחסד, ואור ההוד להכלל בגבורה.
66

הגהות וביאורים)י"ג(– פירוש, או"א דאלו ישסו"ת נתפשטו עד נצח והוד.
67

כרם שלמה ש"ט פ"ד אות ב' – ואמנם הטעם למה נתפשטו עד מקום החסד וגבורה, ולא נתפשטו עד מקום נצח והוד. ר"ל הואיל ועכשיו התחיל עניין התיקון, והוא כי הכלים האלו דאו"א דהשבעה מלכים בבחינת קוין, **למה לא עשו טובה שלימה עמהם**, ונתפשטו עד מקום הנצח והוד האמיתיים, כדי שאורות הנצח והוד יישארו במקומם, ולא יעלו ויתכללו עם אורות החסד וגבורה. ויהיו קרובים לכליהם, ולא ירדו עוד מדרגה אחרת בבריאה. הואיל וסוף סוף נתפשטו האחוריים דאו"א, היה להם להתפשט עד מקום הנצח והוד. אלא איכא טעמא בדבר, והטעם הוא כמו שמבאר והולך, מפני שתש כחם על ידי ההפסק של הכתר שהפסיק ביניהם, ואין הכי נמי לא היה יותר טוב להתפשט עד מקום הנצח הוד, כמו שמבאר והולך הוא.

הָעִנְיָן[68] הוּא, כִּי]דמ"ד ע"ג 88[**הִנֵּה[69] קוֹדֶם שֶׁנִּתְפַּשֵּׁט** אחורי הנה"י דכלי **הַכֶּתֶר** דנקודים, **דֶּרֶךְ קַו הָאֶמְצָעִי, הָיוּ[70] הַחָכְמָה וּבִינָה** דנקודים, שהם או"א עילאין **מְאִירִין זֶה בָּזֶה** וגם מקבלים הארה מהכתר דנקודים, **שֶׁלֹּא עַל יְדֵי הַפְסֵק בֵּינֵיהֶן כְּלָל[71], עִם[72] הֱיוֹת שֶׁהָיוּ** מסיבת[73] מיתת המלכים עומדים או"א עילאין **בִּבְחִינַת אֲחוֹר בְּאָחוֹר** שהיא[74] המדרגה גרועה[75] ביותר.

68

בית לחם יהודה ש"ט פ"ד ד"ל ע"ב — העניין הוא וכו'. נראה לעניות דעתי כי טעם שאומר רז"ל אינו כי אם לרווחא דמלתא, כי הלא בלא הכי כבר כתב הטעם לעיל מזה, שעיקר ההתפשטות לא היה כי אם על ידי כח האחוריים דאו"א שנפלו עד מקום חסד וגבורה. ומאחר שהתפשטות הנזכר היה מקמי כניסת אורות הנהי"ם בכלים שלהם, ועדיין לא מלכו ולא נשברו, פשיטא שלא יוכלו או"א להתפשט עד מקום, הנצח והוד, לפי שאין כח של אחוריים שם לסייעם, ועל ידי כך בסמוך בסוף ד"ה ולכן זו וכו'.

69

כרם שלמה ש"ט פ"ד אות ג' — מה שכתב הנה קודם שנתפשט הכתר וכו'. מפני שקודם לכן היו הכתר וחו"ב כזה . ' . חכמה מצד ימין, והבינה מצד שמאל, והכתר למעלה משניהם, ויושב באמצען כזה . ' . ולכן לא היה מתפשט ביניהם, ומאיר להם בקירוב, כי היה יושב למעלה מהם. **ולכן היו החו"ב מאירים זה בזה שלא על ידי הפסק התפשטות הכתר ביניהם**, ולא דבר אחר המפסיק ביניהם לעכב הארתן.

70

תרשים ד — ב.

71

כרם שלמה ש"ט פ"ד אות ג' — ומה שכתב, מאירין זה בזה שלא על ידי הפסק כלל. מה שכתב **כלל**, פירוש שהם היו פנים בפנים, הואיל ויש אויר פנוי ביניהם, בין פנים דזה לפנים דזה, אין הארה שלהם נחשבת **שלא על ידי הפסק כלל**, כי הארה של הכתר מתפשטת ביניהם, בין שני האוירין. אבל עכשיו שהואיל והם אחור באחור, הם מדובקים זה בזה, אחד באחד יגשו, ולכן נעשו אחור באחור כדי שיתדבקו אחור באחור, אחד באחד יגשו ורוח לא יעבור ביניהם. והואיל ועתה הם מדובקים דבוק גמור, אחד באחד יגשו, ולכן לא יש הפסק ביניהם **כלל**. ולכן היו מאירים זה בזה.

72

בית לחם יהודה ש"ט פ"ד ד"ל ע"ב — עם היות שהיו בבחינת אחור באחור. גם מהכא מבואר דנפילת האחוריים דאו"א עילאין, וחזרתם אחור באחור קדים להתפשטות הכתר, ומבואר בפרק ג' דהתפשטות הכתר קדים להתפשטות החו"ב, יעו"ש. נמצא דנפילת האחוריים לחוד, והתפשטות החו"ב לחוד, ואינו כמו שכתב במבוא שערים ד"ח ע"ד, והתפשטות הזה הוא עצמו בחינת האחוריים ואו"א שנפלו עד שם וכו', ועין לעיל בד"ה והעניין וכו'.

73

ע"ח ש"ט פ"א מ"ת ד"מ ע"א — ונחזור אל הכוונה ונאמר כי הלא או"א היו מתחלה פנים בפנים, לפי שנעשה להם מוחין מהכתר כנזכר לעיל. אמנם מ"ן שלהם הגורם להם העמדה וקיום הבחינת דפנים היו מציאת שבעה מלכים אלו אשר היו במעי בינה, ואלו היו מ"ן דילה, כי כן הוא תמיד שהבנים הם מ"ן דאימא, ובעוד שאלו השבעה מלכים היו תוך הבינה, היו מעלין מ"ן, וגורמין זווג לאו"א, ונמשכו להם מוחין, **והוחזרו או"א פנים בפנים**, ונזדווגו יחד כדי להוציא שבעה מלכים אלו. ובעת צאת המלכים אלו לא מתו, אלא שהיו קיימים, היו מעמידין לאו"א פנים בפנים, אפילו שיצאו פנים למטה, והיו מועילין למ"ן שלהם. **אמנם יען שנשברו ומתו**, לכן גם או"א האחוריים שלהם, המעמדת אותם פנים בפנים ירדו למטה, **ואז חזרו להם אחור באחור**, כי כבר אין להם מי שיעלה להם מ"ן ומקיים חזרתן פנים בפנים. והנה פשוט הוא שלא נגמרו אחוריים דאו"א לירד, עד כלות שבירת שבעה כלים. **שכל בחינת שבירת מלך אחד היה גורם ירידת קצת מאחוריים דאו"א**. וזהו ביאור העניין, הנה כאשר נעריך מציאות השבעה מלכים אלו בארבעה פרצופים, של חכמה ובינה,

אבל[76] **אזור שֶׁנָּתְפַּשֵּׁט** אחורי הנה"י דְ**כלי הכתר** דנקודים עַד מקום אור ה**תפארת** דנקודים **כַּנִּזְכָּר**[77] **לְעֵיל** שהוא שליש התחתון דתפארת דנקודים, אוֹ[78] **הָפָסִיק** אחורי הנה"י דכלי הכתר דנקודים **בֵּינֵיהֶן** ר"ל בין כלי דאבא עילאה וכלי אימא עילאה דנקודים, **וְאַךְ**[79] **פָשׁוּט הוא שֶׁבָּא קְצָת** חלישות **וְהֶפְסֵד אֶל אוֹ"א** עילאין, אבל לא הפסד גמור, **ואפילו שֶׁהָיוּ** עומדים **מתֹזְזלֹה** אחור באחור, ודבוקים זה בזה, עם כל זאת היו **מְאִירִין זֶה בָּזֶה**[80] וגם היו מקבלים הארה מן הכתר דנקודים, **מַה**[81] **שֶׁאֵין כֵּן**

ישראל סבא ותבונה כנזכר לעיל, נמצא כי עד שליש ספירת תפארת, שהוא המלך הרביעי, **אז נגמרו לירד אחוריים דאו"א עילאין**, וכאשר נשברו כל השבעה מלכים, אז ירדו גם אחוריים דישראל סבא ותבונה.
[74]

ע"ח שי"א פ"ז מ"ת דנ"ד ע"א — ותחלת הכל נקדים לך הקדמה אחת, והוא כי בכל בחינה שיש זכר ונקבה, יש ארבעה בחינות, וזה סדרן לפי מעלתן ממש מלמטה למעלה, תחלה היא מדרגת **אחור באחור**, פירוש שיהיו זו"ן אחוריהם דבוקים זה לזה, והפוכים אחור נגד אחור. למעלה מזה מדרגה שניה, והוא שיהיו **אחור בפנים**, שיהפוך הזכר אחוריו נגד פני הנקבה, ואז יש מעלה בזה שמקבלת הנוקבא מהזכר דרך הפנים, אבל עדיין אינה מקבלת רק אור של אחוריים מהזכר, ואינה יכולה לקבל אור הפנים שלו. למעלה מזה מדרגה שלישית המעולה ממנו, והוא **פנים באחור**, שפני הזכר מביטים באחורי הנקבה, ובזה יש מעלה יתירה שמקבלת הנקבה אור הפנים ממש, אלא שלהיות אור גדול אינה מקבלתו אלא דרך אחור שלה, ואז שם מתעבה האור, וכאשר יתעבה יוכל אחר כך האור לילך דרך אחור ולהגיע עד הפנים שלה, ואז תוכל לקבלו, וזה סוד הפסוק - חכם באחור ישבחנה, כי כאשר החכמה שהוא זכר יפנה בפניו אל אחורי הנוקבא, שהיא בינה, ישבחנה יותר ממה שהיה)בעת(בהיות להיפך, אחורי הזכר בפני הנקבה. מדרגה רביעית למעלה מכולם, הוא פנים בפנים, פירוש שניהן זכר ונקבה פונים פניהם זה לזה, ומדרגה זו היא תכלית השלימות.
[75]

תרשים ד – ג.
[76]

כרם שלמה ש"ט פ"ד אות ג' — וזהו מה שכתב - אבל אחר שנתפשט כלי הכתר עד התפארת כנזכר לעיל, ר"ל **עד הטיבור**, כדי להלביש את אור התפארת, אז הפסיק ביניהם, ואז פשוט הוא שבא קצת הפסד אל או"א. ר"ל **אינו הפסד גמור**, כי אדרבא הוא עכשיו מאיר להם מקרוב, והם מקבלים הארתו מקרוב. ולזה כתב - **קצת הפסד**, ולא הפסד גמור ח"ו, ופשוט. ולכן לא היה בהם כח להתפשט בכל אורך הקוין עד נצח הוד.
[77]

ע"ח ש"ט פ"ג מ"ת דמ"ג ע"ב — ולכן רצה המאציל העליון המשיך והגדיל את כלי הכתר, אשר לא נשבר כנודע, ונמשך דרך קו האמצעי, כמו שמבואר כי הג"ר כבר היו מתחלה בציור ג' קוין, **ונמשך דרך קו האמצעי עד מקום התפארת, עד אמצעיתו לבד**, שהוא עד הטיבור לבד.
[78]

שער ההקדמות, דרוש בסדר ירידת ז' מלכים ונפילתם ויירדת אחוריים דאו"א ואיך נעשה הכל ביחד דכ"ב ע"ג — והנה צריך לתת טעם למה נתפשטו, ולמה לא נתפשטו יותר עד מקום נצח והוד. והטעם הוא לפי שטרם שנתפשט הכתר למטה כנזכר, נמצא שהיו או"א דבוקים זה בזה, וקרובים זה בזה, ומאירים זה בזה, עם היותם עומדים שנים אחור באחור. **אבל כשנתפשט הכתר ביניהם הפסיק בין שניהם**, ואז בהכרח שנחלש הארת או"א, ולכן לא היה בהם כח להתפשט עד נצח והוד כנזכר.
[79]

תרשים ד – ד.
[80]

כרם שלמה ש"ט פ"ד אות ג' — ואל תחשוב שהפסידו בזה שאין עוד מקבלין הארה, לא מן הכתר, ולא מזה לזה. לזה אמר - **אבל עם כל זאת היו מקבלין קצת אור מן הכתר שנתפשט ביניהם**. פירוש, אף על פי שגם קודם לכן היו מקבלין הארה מן הכתר, אלא בתחילה קודם שנתפשט הכתר, היה מאיר להם מרחוק, אבל עכשיו היה מאיר להם מקרוב, כי נתקרב ביניהם.

עַתָּה לא האירו זה בזה, מפני שאחורי הנה"י דכלי הכתר עמד ביניהם הפסיק ביניהם, ונחלש כוחם, ולכן נמשך להם הפסד, וּבגלל חלשותם שלו יכלו להאיר זה בזה לָכֵן[82] **לֹא הָיָה בָּהֶם כֹּחַ לְהִתְפַּשֵׁט בְּכָל אוֹרֶךְ הַקַּוִּין, עַד** מקום הכלים דּנֵצַח הוֹד[83] שאחרי התיקון, **אֲבָל עִם כָּל זֹאת** היה בהם כח להתפשט עד מקום החסד וגבורה שאחר התיקון, כִּי[84] **הָיוּ מְקַבְּלִים קְצָת אוֹר מִן** אחורי הנה"י דכלי **הַכֶּתֶר** דנקודים בקירוב, **שֶׁנִּתְפַּשֵׁט בֵּינֵיהֶן, בְּאוֹפֶן[85] שֶׁבְּבְחִינָה אַזּוֹ נִמְשַׁך לָהֶם תּוֹעֶלֶת בְּהִתְפַּשְׁטוּת** אחורי הנה"י כלי **הַכֶּתֶר** דנקודים, ויכלו להתפשט עד מקום החסד וגבורה שאחרי התיקון, **וּבְבְחִינָה אַזּוֹ נִמְשַׁך לָהֶם הַהֶפְסֵד** ולא יכלו להתפשט עד מקום הנצח והוד שאחרי התיקון, **וְלָכֵן הָיָה לָהֶם כֹּחַ לְהִתְפַּשֵׁט** מכח הארה דכתר עד מקום החסד וגבורה שאחרי התיקון, **אַךְ לֹא בִּשְׁלֵמוּת** שלא התפשטו עד מקום הנצח הוד שאחרי התיקון, כיון שאו"א עילאין לא היו מאירים זה בזה.

הרב ז"ל מבאר כאן מדוע אחורי הנה"י דכלי הכתר דנקודים לא התפשט יותר למטה, עד מקום היסוד והמלכות דנקודים, כמו בזמן תיקון האצילות, שהכתר שהוא פרצוף א"א מתפשט עד קרקע האצילות, וכל שאר הפרצופים מלבישים אותו. **כבר נתבאר** כי היה לאחורי הנה"י דכלי הכתר דנקודים שתי בחינות של התפשטות, **הָאֶחָד** עד הטבור, שהוא השליש

81

מבוא שערים ש"ב ח"ב פ"ה ד"ח ע"ג – והענין, כי קודם שנתפשט הכתר דרך קו אמצעי, היו שניהם או"א בלתי הפסק ביניהם, והיו מאירים זה בזה, אף על פי שהיו אחור באחור, לסיבת מיתת המלכים, כנזכר לעיל פרק ד'. ואחרי התפשט כלי הכתר באמצע, לא האירו זה בזה, ולא היה בהם כח להתפשט יותר מדאי עד נצח והוד, ובחינה זו נמשך להם הפסד.

82

בית לחם יהודה ש"ט פ"ד ד"ל ע"ב – ולכן לא היה בהם כח להתפשט בכל אורך הקוין עד נצח והוד. שמע מנה שבבחינת התפשטות הנזכר הוא נעשה מחצי עובי האחוריים דאו"א שלא נפלו כנזכר בפרק ו' דנקודות, יעו"ש. ולכן על ידי שהפסיק הכתר ביניהם, לא היה כח באותן האחוריים להתפשט עד נצח והוד, ודלא כיש מפרשים שכתבו כי התפשטות או"א הנזכרת היא בחינת הפנים דאו"א, שלא ירדו למטה, הם הם שנתפשטו אחר כך למטה, כמובא דבריהם באש"ל די"ד סוף ע"ב, יעו"ש.

83

שער ההקדמות, דרוש בסדר ירידת ז' מלכים ונפילתם וירידת אחוריים דאו"א ואיך נעשה הכל ביחד דכ"ב ע"ג – ואמנם אף על פי שבבחינה היות כתר מפסיק ביניהם, נמשך ביניהם חסרון הארה כנזכר, **עם כל זאת בבחינה אחרת הנה הם עתה מקבלים הארה מן הכתר המתפשט ביניהם.** ולכן להיות בהם שני בחינות אלו הפכיות, לכן היה בהם בחינת כח התפשטות למטה דרך קוים כנזכר, אך לא התפשטות שלם.

84

מבוא שערים ש"ב ח"ב פ"ה ד"ח ע"ב – אך בבחינה אחרת הרוויחו, כי תחילה היה הכתר רחוק מהם, ועתה בהתפשטות ביניהם, **מקבלים הארתו בקירוב**, ובכח הארה זו יכלו להתפשט כל אחד מחצית הקו שלו, ולהפסד הנזכר לעיל לא נתפשטו כל הקוים.

85

כרם שלמה ש"ט פ"ד אות ג' – וזה שהיו מאירין זה בזה קודם התפשטות הכתר ביניהם, אבל אחר שנתפשט הכתר ביניהם, שהוא עד התפארת כדי להלביש את כלי **אח"י** - צ"ל **אור]** התפארת, אז הפסיק ביניהם, שהוא בין אחור לאחור. ולכן לא היו מאירין עוד זה בזה כמתחילה, ולכן הגיע להם קצת הפסד בזה שלו היו מאירין זה בזה, ועל יד זה לא נשאר להם כח להתפשט עוד יותר מזה המקום של חסד וגבורה, עד מקום הנצח והוד כדי להלבישם.

התחתון דתפארת דנקודים, וזה[86] קרה כאשר כלי התפארת דנקודים נשבר, האור התפארת דנקודים נשאר בלי כלי להתלבש בו. **והאחד** כאשר[87] אור הדעת דנקודים עלה למקומו בתוך אחורי הנה"י של הכלי דכתר דנקודים, ונתן אור הדעת דנקודים כח לאחורי הנה"י דכלי הכתר דנקודים, והגדילו. **כאן** בסוגיה זאת מדובר על השלב הראשון של התפשטות אחורי הנה"י דכתר דנקודים, עד השליש התחתון של אור התפארת דנקודים, הנקרא טבור.

[88]**והטעם**[89] **למה**[90] **נתפשט** אחורי הנה"י דכלי **הכתר** דנקודים רק[91] **עד** מקום **הטבור,** שהוא **אמצע** ר"ל שליש תחתון של אור **התפארת** דנקודים **ולא יותר** למטה, להלביש גם בתוכו את בחינת

86

ע"ח ש"ט פ"ג מ"ת דמ"ג ע"ב – ולכן רצה המאציל העליון המשיך והגדיל את כלי הכתר אשר לא נשבר כנודע, ונמשך דרך קו האמצעי, כמו שמבואר כי הג"ר כבר היו מתחלה בציור ג' קוין, **ונמשך דרך קו האמצעי עד מקום התפארת עד אמצעיתו לבד, שהוא עד הטיבור לבד.** ואז עלה אור התפארת ונעלם תוך כלי הנזכר לעיל של הכתר, שנתפשט עד מקומו. ונמצא כי לא נתעלה רק חצי אור התפארת התחתון כי חצי העליון עומד במקומו, שכבר נתפשט דרך בו כלי הכתר.

87

ע"ח ש"ט פ"ג מ"ת דמ"ג ע"ד – והנה בעלות אור הדעת במקומו למעלה, **אז הגדיל הכלי של הכתר,** ונמשך עד נגד מקום סיום כל התפארת, ואז חצי התחתון של אור התפארת שעלה למעלה כנזכר לעיל, חזר עתה לרדת למקומו האמיתי כבתחלה. **וסיבת הגדלת כלי הכתר, היה לסיבת אור הדעת שנתלבש בו,** והגדילו, וגם כי הנה הדעת הוא כולל כל הו"ק, והוא נשמה להם כנודע, **לכן כיון שעלה נתן כח בכלי והגדילו,** כדי להטיב את אור התפארת שירד, ויהיה במקומו הראוי לו.

88

שער ההקדמות, דרוש בסדר ירידת ז' מלכים ונפילתם וירידת אחוריים דאו"א ואיך נעשה הכל ביחד דכ"ב ע"ג – והנה **הטעם למה הכתר גם הוא לא נתפשט כי אם עד התפארת ולא יותר,** הנה היינו צריכים להרחיב בביאור טעם זה, אבל העינן בקצור הוא כי הנה כל מקום שעור ההתפשטות הזה כנגד רגלי א"ק, מן הטבור שלו עד רגליו. והנה אחר שיהיה זמן התיקון האמתי של אלו המלכים, שאז יהיה נקרא עולם האצילות כנודע, הנה כל עולם האצילות יהיה עומד במקום הזה הנזכר, וממש ולמטה יהיו עולמות בריאה יצירה עשיה. והנה כאשר נעריך אלו העשרה נקודים בבחינת פרצוף אחד, עם היותו כולל פרצופים רבים, שהם עתיק, ואריך, ואו"א, וז"א ונוקביה כנודע, הנה עם כל זאת כולם הם פרצוף אחד, כמבואר אצלנו במקומות רבים, כי כולם מתלבשים זה בזה, עד שנמצא הכל פרצוף אחד בלבד. ונמצא כי פרצוף א"א שהוא בחינת נקודת הכתר, הוא כולל כל עולם האצילות, ונעשה פרצוף אחד כולל כל האצילות מלמעלה למטה, **ונמצא כי בהיות עתה הכתר מתפשט עד התפארת, הוא עצמו המקום אשר אחר כך בעת התיקון יהיה שם מקום התפארת של א"א עצמו כנודע.** והנה אז נתלבשו או"א בשני זרועותיו, זה בימין, וזה בשמאל, ויתפשטו עד מקום הטבור שלו, כי משם ולמטה מתלבש בז"א כנודע. ולכן אי אפשר שיתפשט עתה הכתר יותר ממקום שיתפשטו אחר כך או"א אחרי זמן התיקון, כי איך יהיה הוא יותר שפל ונמוך מהם, כי הרי אחר התיקון אין התפשטות או"א למטה ממקום זה, שהוא עד הטבור התפארת דאריך, ולכן אי אפשר שיתפשט עתה הכתר רק עד מקום הטבור התפארת שבו בלבד.

89

בית לחם יהודה ש"ט פ"ד ד"ל ע"ב – והטעם למה נתפשט הכתר עד הטבור אמצע התפארת ולא יותר. פירוש, ולא יותר עד סיום הקו כדי שלא יצטרכו יסוד ומלכות לעלות שלא במקומם, כמבואר במבוא שערים דף ז' סוף ע"ג . אבל על מה שנתפשט עד הטבור לא אצטריך טעמא, כי מאחר שגם ממנו נפלו אחורי הנה"י, כמו שכתבת בהגהת מהרח"ו ז"ל בריש פרקין, משום הכי נתפשטו עד נה"י שלו, כדרך האמור באו"א וכמבואר נמי במבוא שערים דף ז' ע"ד וז"ל - ונראה לעניות דעתי חיים כי כמו שכתבנו לקמן, כי סיבת התפשטות או"א עד חסד וגבורה לבד היה כי היה מן אחוריים שלהם, שירדו שם. הנה כן יהיה בכתר, כי מה שנתפשט ממנו היה בחינת נה"י שלו שנפגמו כנודע. וכן כתב בשער הקדמות דף כ"ב ע"ג, יעו"ש.

90

היסוד והמלכות דנקודים. **הִנֵּה זֶה צָרִיךְ בִּיאוּר רָזֹב, אָמְנָם בְּקִיצּוּר נִמְרָץ** נבאר סוגיה זאת. **וְהָעִנְיָן**[92] **הוּא, כִּי הִנֵּה מְקוֹם כָּל הַהִתְפַּשְּׂטוּת**[93] של עשר הנקודות של עולם הנקודים, שהוא שיעור קומה דנקודים, **הֲלֹא הוּא כְּנֶגֶד רַגְלֵי הָא"ק הַנּוֹכַר**[94] **לְעֵיל, מִטַּבוּרוֹ** שהוא השליש התחתון של התפארת דא"ק **עַד** מקום סיום **רַגְלָיו** שהוא בקרקע האצילות.

צָרִיךְ[95] **לָדַעַת** כי מקום עמידת עולם הנקודות, **הוּא**[96] אותו מקום עמידת עולם התיקון הנקרא **עוֹלָם הָאֲצִילוּת**, שהוא משליש התחתון דתפארת דא"ק, שהוא הטבור דא"ק עד סיום רגליו, שהוא סוף הנה"י דיליה. כלומר[97] המקום שלפני התיקון ואחרי התיקון נשאר אותו מקום, ולא השתנה. מה שהשתנה זה[98] סדר עמידת הספירות, ר"ל[99] לפני התיקון

כרם שלמה ש"ט פ"ד אות ג' – ומה שכתב אחר כך, והטעם למה נתפשט הכתר עד הטיבור ולא יותר, פשוט הוא על בחינת ההתפשטות של הכתר עד חצי תפארת, כדי להלביש אור של התפארת, ולא יעלה למעלה התפארת ויתרחק מן הכלי שלו, והוא ענין האמור לעיל בפרק ג'.
91

שפת אמת ש"ט פ"ד אות א' די"ב ע"ד – רק עד הטבור התפארת בלבד, וכתוב בהגה"ה – נראה לעניות דעתי נתן שצריך עיון, שלמעלה כתוב הנה בעלות הדעת במקומו, אז הוגדל כלי הכתר ונמשך עד סיום התפארת, עד כאן לשונו. ואחרי נשיקת ידי ורגלי קודשו, לא יכולתי להלום דברות קדשו, דלעולם אחר שעלה אור הדעת למקומו, נתן כח בכלי והגדילו עד למטה, כדי להטיב לאור התפארת, כמו שכתב רז"ל לעיל. אבל בכוליה פרקין קא עסיק רז"ל קודם שעלה הדעת למקומו בתחילת התפשטות הכתר, וזה פשוט למבין, ודו"ק. וזהו שדייק הרב - שלא וכו' עתה, וקל למבין.
92

בית לחם יהודה ש"ט פ"ד ד"ל ע"ב – הענין הוא כי הנה מקום כל התפשטות. של העשר ספירות דנקודים.
93

הגהות ובאורים)א(– פירוש עולם הנקודים. מבוא שערים דף כ' ע"א.
94

ע"ח ש"ח פ"ג מ"ת דל"ו ע"ד – והנה כאשר נתפשטו אלו הנקודים מבחוץ, **מכנגד הטבור של א"ק עד סיום רגליו כנזכר לעיל**, היה בוקע אותו האור שבא מחדש בפנימית דרך הפרסא כנזכר לעיל, ויוצא לחוץ ומאיר אל הנקודים...... והנה אלו הנקודים נתפשטו מטבורא דא"ק עד סיום רגליו, כסדר זו"ן המלביש לא"א.
95

כרם שלמה ש"ט פ"ד אות ג' – בזה ההתפשטות כל האצילות, בין קודם התיקון, ובין לאחר התיקון, הם כולם יושבים באורך רגלי א"ק דווקא, שהוא מטיבורו של א"ק ולמטה. והוא בין קודם התיקון, שהיו בבחינת נקודות בלבד, ובין לאחר התיקון, שהיו מתפשטים בבחינת פרצופים גדולים, שכל נקודה כלולה מעשרה פרצופים, הכל הוא כנגד רגלי א"ק הנזכר לעיל, דוקא ולא למטה ממנו. גם כן הענין הוא אף על פי שהנקודות כבר נגדלו, ונעשו כל אחד כלולה מעשרה, ונעשית בבחינת פרצוף, **אם כן איך כולם ישבו באותו מקום, שהוא כנגד רגלי א"ק לבד**. הענין הוא, **מפני שקודם התיקון היו זה למטה מזה**, ולכן לקחו כל אותו מקום של ההתפשטות כנגד רגלי א"ק. **אבל אחר התיקון נעשו בבחינת פרצופים, אז נתלבשו זה בזה, וזה בזה**, ולא ישבו כבתחילה זה למטה מזה, כדי שיכילו מקום ארוך. **ולכן בין קודם התיקון, ובין לאחר התיקון, היו יושבים באותו מקום דווקא**, שהוא כנגד רגלי א"ק, ולא יותר.
96

ע"ח שי"א פ"א מ"ק ד"נ ע"ג – אמנם עשרה נקודות אלו, היו זה על גבי זה, ואורך שיעור קומתן היה, **כמו עתה אורך אצילות**, ושיעור קומתן, **כי עד מקום אשר הגיעו אותן הנקודות, עד שם היה בחינת]נ"א הוא עתה[עולם האצילות**, ומשם ולמטה עולם הבריאה.
97

תרשים ד – ה.
98

בעולם הנקודים עמדו הנקודות זו למעלה מזו, ולא היו חיבור וקשר ביניהם. ובזמן התיקון עולם האצילות, שכל ספירה וספירה גדלה, והפכו[100] הספירות לפרצופים, שהם גדולים הרבה מכל נקודה ונקודה, גם באיכות וגם בכמות, עם כל זאת, עמדו פרצופים אלו דעולם האצילות שהם עתיק יומין, א"א, או"א, ישסו"ת, וזו"ן באותו מקום. והסיבה[101] לזה היא, כי הפרצופים האלו התחברו אחד עם השני, והלבישו אחד את השני. **כך** שגודל המקום שלפני התיקון, ושל אחרי התיקון לא נשתנה כלל, הוא אותו מקום, שהוא תנה"י דא"ק, מה שנשתנה זה מצב עמידת הנקודות, הספירות והפרצופים. **ידוע** כי אפילו שאנחנו תמיד מזכירים רק חמשה או שישה פרצופים בעולם האצילות, עם[102] כל זאת הם י"ב פרצופים, כמבואר[103] בדרוש הדעת[104].

מבוא שערים ש"ב ח"ב פ"ה ד"ז ע"ג - וענין זה צריך ביאור רחב, ונקצר בו, והענין, כי כבר ביארנו בחלק א' פרק א', כי עולם הנקודים הוא הוא עולם האצילות, ומתחילין מטיבור א"ק עד סיום רגליו בקירוב, כמבואר בשער א' ח"א פ"ב, עוד יתבאר בשערים הבאים בע"ה. כי הנקודה האחת של העשרה נקודות, אשר ממנה נעשה כתר האצילות, הוא א"א, והוא מתפשט עד סיום האצילות אחד התיקון, וכל שאר הפרצופים דאצילות מקיפים ומלבישים אותו, זה על גבי זה.

99

תרשים ד – ו.

100

שער מאמרי רשב"י, אדרא רבא דט"ל ע"א – תניא, אמר רבי שמעון לחברייא כו'. פירוש כי שתי בחינות היו בעולם האצילות, האחד מהם הוא בראשונה קודם התיקון, שכל העשר ספירות היו בבחינת חד סמכא לבד. והבחינה השנית היא מה שהיה אחר התיקון, כי החמש ספירות שהם כתר, חכמה, בינה, תפארת, מלכות, שהם כוללות כל העשר ספירות, כמבואר אצלנו. והנה כל אחת ואחת מאלו החמשה ספירות נתפשטה, **ונעשית פרצוף אחד שלם**, וכל האצילות נתפשטו, ונתקן בבחינת **חמש פרצופין**, הנקראים **אריך אפין**, כתר. **ואבא**, חכמה. **ואימא**, בינה. **וז"א**, שש קצוות, חסד, גבורה, תפארת, נצח, הוד, יסוד. **ונוקבא דז"א**, מלכות. ולפי שבתחילה היו רבי שמעון בר יוחאי וחביריו עוסקים במה שהיה קודם התיקון, הנקרא קיומא דחד סמכא, לסיבה הנזכרת, לכן אמר להם שעד אימתי יתעסקו בבחינה ההיא לבדה, ושיתעסקו מכאן ואילך באדרא הזאת בבחינה השנית, והוא במה היה אחר התיקון, **שהוא התפשטות העשר ספירות בסוד חמשה פרצופים הנזכרים**. ואף על פי שבאדרא הזאת לא ביאר רק רק שלשתן, והם אריך אפין, וז"א ונוקביה. הנה באדרא זוטא ביאר גם כן שני פרצופי אבא ואימא, ושם נבאר טעם הדבר, ועיין שם.

101

ע"ח ש"י פ"ג מ"ת דמ"ח ע"ג – והנה מציאת מקום התפשטות כל אלו פרצופי הזכרים והנקבות, הנעשין מהתחברות מ"ה וב"ן כנזכר לעיל, הנה מקומם במקום שהיו תחילה הנקודות שיצאו דרך נקבי העינים, **והוא מטבורא דא"ק עד סוף רגליו**. ואור המצח הנקרא שם מ"ה, אף על פי שיצא מלמעלה מן המצח, הנה מתפשט משם ולמטה, ומתחיל מציאותו מן הטבור עד סוף סיום רגליו כנזכר לעיל. אבל מה שנשתנה עתה מבראשונה, בעת יציאת נקודות העינים, הוא זה כי אז היתה נקודת הכתר, **במקומה לבד בפני עצמה.** ואחריה נקודת החכמה לבדה, **בפני עצמה.** וכן על דרך זה היו כל העשר ספירות. אבל עתה ניתוסף תיקון גדול, והוא כי נקודת הכתר נמשכה ונתפשטה ממקומה, עד למטה קרוב אל סיום רגלי א"ק, כמו שנבאר בע"ה. וזה ההתפשטות הוא **כל שיעור הנקרא בשם עולם אצילות**, ונקודה זו היא נקראת נוקבא)נ"א נקודת(דעתיק יומין. וכן על דרך זה עתיק יומין דדכורא, הנעשה מטעמים דמ"ה כנזכר לעיל, גם הוא מתפשט לשיעור הנזכר לעיל. וכן עשו כל השאר, א"א ונוקבא, ואו"א, וזו"ן, **והלבישו זה את זה**, עד בחינת זו"ן. **באופן שכל רגלי הפרצופים דאצילות בין דעתיק, בין דא"א, בין דאו"א, בין דזו"ן, כולן שוין בסיומם, והם מסתיימים יחד מעט למעלה מסיום רגלי א"ק, ושם הוא סיום האצילות כולו.** ועל ידי כך נעשה נשמה זה לזה, וזה מלביש לזה.

102

ע"ח שי"ט פ"ט מ"ב דצ"ד ע"ד - וכשתחברם באופן אחר, יהיה **א"א ונוקבא**, דעת הכולל חסדים וגבורות מכריע בין החו"ב, שהם **עתיק ונוקבא**. וכן **ישסו"ת** הם תפארת, מכריע בין **או"א**, שהם חסד וגבורה. וכן **יעקב ורחל** הם יסוד, המכריע בין נצח הוד, שהם זו"ן כנודע. דאיהו בנצח, ואיהי בהוד, **והבן זה מאוד.**

42

וְהִנֵּה[105] **כַּאֲשֶׁר יָבֹא אַחַר כָּךְ הַתִּקּוּן הָאֲמִתִּי שֶׁל** עולם **הָאֲצִילוּת, הִנֵּה** גם שגדלו הנקודות, ונעשו פרצופים שלמים, שהם עתיק יומין, א"א, או"א, ישסו"ת, וזו"ן, **הַכֹּל הוּא** ר"ל כל הפרצופים האלו **עוֹמְדִים בַּמָּקוֹם הַזֶּה כַּנּוֹדָע** שהוא מהטבור דא"ק עד סיום רגליו, **וְשָׁם הוּא מָקוֹם** עולם **הָאֲצִילוּת בִּלְבַד, וּמִשָּׁם וּלְמַטָּה הוּא עוֹלָם הַבְּרִיאָה•** יצירה ועשיה.

וְהִנֵּה[106] [107] **כַּאֲשֶׁר נִצְרִיךְ כָּל אֵלּוּ**[108] **הַפַּרְצוּפִים** של עולם האצילות, הם **מִתְלַבְּשִׁים** בזמן התיקון **זֶה תּוֹךְ זֶה,** כאשר פרצוף א"א מלביש את פרצוף עתיק יומין ושניהם הם ספירת הכתר דאצילות, ופרצופי

נהר שלום די"ג ע"ד – וכבר נתבאר לעיל בהקדמה דף ז' ע"ב ד"ה - זה הכלל, כי כמו שמתחלקים ונפרטים העשר ספירות דכל עולם ל**י"ב פרצופים,** כן הוא בכל עשר ספירות דכל פרצוף, דכל פרט פרצופי אבי"ע דחיצון, ואמצעי, ופנימי, דפנימיות ודחיצוניות, שנחלקים לי"ב פרצופים, דוגמת **י"ב פרצופי האצילות,** כי חב"ד של הפרצוף ההוא נקרא **עתיק ונוקבא, וא"א ונוקבא,** כי החו"ב נקרא עתיק ונוקבא, וחו"ג דדעת נקרא א"א ונוקבא ואלו, הארבעה פרצופים נקרא חב"ד שבכתר, דוגמת מה שמתגלה מעתיק ונקרא כתר דכללות האצילות, ובהם מתלבשין שורשי המוחין של הפרצוף ההוא. וחג"ת של הפרצוף ההוא, נקרא **או"א וישסו"ת,** כי החסד והגבורה נקרא או"א, והחו"ג דתפארת נקרא ישסו"ת, ואלו הארבע נקרא חב"ד של הפרצוף ההוא, דוגמת או"א וישסו"ת, הנקרא חב"ד דכללות האצילות, ולפי שאינם מלבישים אלא את חג"ת דא"א, כי משם שורשם נקרא חג"ת, ובהם מתלבשים ומתפשטים המוחין דחב"ד של הפרצוף ההוא. ונה"י של הפרצוף ההוא נקרא **זו"ן ויעקב ורחל.** כי נצח והוד נקרא זו"ן, וחו"ג דיסוד נקרא יעקב ורחל, דוגמת זו"ן ויעקב ורחל, ו"ק דכללות האצילות, אלא שלפי שאינם מלבישים רק את נה"י דא"א, כי משם שרשם, נקרא נה"י, אמנם בערך הפרצוף ההוא הם בחינת ו"ק, ובהם מתלבשים ומתפשטים המוחין דו"ק של הפרצוף ההוא.
103

נהר שלום, דרוש הדעת דמ"א ע"ג – ונתחיל מן הראשון, הנה ספירת הכתר היא נשמת האצילות, ונחלק לשלוש מוחין חב"ד, שהם נר"ן, ג' חלקי הנשמה, כיצד **עתיק ונוקבא** חו"ב, והם נשמה ורוח, **ואריך ונוקבא** הם זו"ן שבכתר, ונקרא דעת, ונפש, ושלשתם שלושה חלקי הנשמה. אחר כך ספירת חו"ב, הם רוח דאצילות, ונחלקים לשלוש מוחין חב"ד, שהם נר"ן ג' חלקי הרוח. כיצד **או"א** חו"ב, והם נשמה ורוח, והדעת שהוא זו"ן שבהם, שהם **ישסו"ת,** נקרא נפש, ושלשתם שלושה חלקי הרוח. ואחר כך ספירת הדעת היא נפש דאצילות, ונחלק לשלושה מוחין חב"ד, שהם נר"ן שלוש חלקי הנפש, כיצד **זו"ן** חו"ב, והם נשמה ורוח, והדעת של הדעת, שהוא זו"ן שבהם, הם **יעקב ולאה.** ונקראים נפש, ושלשתם הם שלושה חלקי הנפש. וכל הבחינות הנזכרים כלולים מעשר, ומתלבשים זה בתוך זה.
104

תרשים ד – ז.
105

כרם שלמה ש"ט פ"ד אות ג' – לזה כתב, **והנה כאשר יבוא אחר כך התיקון האמיתי של האצילות, הנה הכל הוא עומד במקום הזה כנודע.** ר"ל אף על פי שנגדלו ונתארכו הפרצופים, הכל הוא עומד במקום שכנגד רגלי הא"ק דווקא ולא יותר למטה עוד. וזהו דווקא שעד שם הוא מקום האצילות, אבל לא בי"ע גם כן. וזהו מה שכתב **ושם הוא מקום האצילות בלבד,** ומשם ולמטה הוא עולם הבריאה.
106

כרם שלמה ש"ט פ"ד אות ג' – ומה שכתב, והנה כאשר נצריך כל אלו הפרצופים מתלבשים זה בתוך זה וכו'. ר"ל כאשר נחשוב כל פרצופים דאצילות הם פרצוף אחד דווקא, כמו שנעשו בעת התיקון, שהכל נתלבשו זה בתוך זה, ולכן אפשר לחושבם הכל פרצוף אחד, ולא כמו קודם התיקון, שהיו זה למטה מזה, ולא אפשר לחושבם בבחינת פרצוף אחד. **אבל בעת התיקון אף על פי שנתארכו הפרצופים ונתרחבו, הואיל ונתלבשו זה בתוך זה, ולכן אפשר לחושבם הכל בפרצוף אחד.** וזהו שכתב כאן - והנה כאשר נצריך כל אלו

או"א מלבישים את פרצוף א"א, ופרצופי ישסו"ת מלבישים את פרצופי או"א, ופרצופי זו"ן מלבישים את פרצופי ישסו"ת, **עד שֶׁנִּמְצָא הַכֹּל** ר"ל שכל הפרצופים האלו דאצילות הם דוגמת **פַּרְצוּף אֶחָד לְבַד.**

וּפַרְצוּף הָרִאשׁוֹן דָּא"א המלביש את פרצוף עתיק יומין **שֶׁהוּא** הַכֶּתֶר דאצילות, **הוּא** ר"ל פרצוף א"א **הַכּוֹלֵל כָּל** עולם **הָאֲצִילוּת, מִלְּמַטָּה לְמַעְלָה** ומתפשט מראש עולם האצילות עד[109] קרקע האצילות, וכל[110] פרצופי האצילות מלבישים אותו. **וְנִמְצָא כִּי הַכֶּתֶר** שאחרי התיקון, שהוא פרצוף א"א **כּוֹלֵל כָּל הַמָּקוֹם הַזֶּה** מהטבור דא"ק עד סוף רגליו, **וְנַעֲשׂוּ** כל פרצופי האצילות **פַּרְצוּף אֶחָד,** ופרצוף[111] א"א מלביש את פרצוף עתיק יומין, כאשר[112] ג"ר דעתיק הם בסוד הרדל"א, ופרצוף א"א מלביש לשבעה

הפרצופים. פירוש, חמשה פרצופי דאצילות שהם פרצוף דא"א ודא"א ודזו"ן, **מתלבשים זה תוך זה.** פירוש, ולא זה למטה מזה, כמו קודם התיקון, **עד שֶׁנִּמְצָא הַכֹּל פַּרְצוּף אֶחָד,** ר"ל הואיל ומתלבשים זה בתוך זה.
107

בית לחם יהודה ש"ט פ"ט ד"ל ע"ב – והנה כאשר נעריך כל אלו הפרצופים. של עולם התיקון, כן נראה לפרש. אמנם בשער הקדמות דף נ"ב סוף ע"ג כתב וז"ל - ומה כאשר נעריך אלו העשרה נקודים בבחינת פרצוף אחד וכו'. יעו"ש.
108

הגהות וביאורים)ב(– העשר בבחינת פרצוף אחד, כי אף על פי שביארנו שהם שש פרצופים, והם פרצוף עתיק, פרצוף אריך, ופרצופי או"א, ופרצופי זו"ן, עם כל זה הכל הוא פרצוף אחד בלבד, כמו שנודע כל אלו. ספר כתב יד.
109

ע"ח ש"ג פ"א מ"ב דט"ז ע"ג – הרי כשנעריך בדיעה יתירה, נמצא היות כל קומת מלכות שיעור ספירה אחת לבד בערך כללות כל עולם האצילות. וז"א יהיה ו"ק של כללות, עם שהוא בעצמו עשר ספירות. ואו"א גבוהים ממנו. וראש הכתר גבוה מעליהם. **האמנם רגלי כולן שוין עד סוף האצילות,** רגלי עתיק, ורגלי א"א, ורגלי או"א, ורגלי זו"ן, כולן שוין. אכן יתפרדו בראשם, זה למעלה מזה, באופן כי יהיו כולם מלובשים זה מלבוש לזה, וזה מלבוש לזה.
110

ע"ח שי"ח פ"ב מ"ת דפ"ו ע"ב – צריך שנקדים הקדמה אחת והוא זה. דע כי כאשר יצאו העשרה נקודים מנקבי עינים דא"ק כנודע, הנה בצאתן הניחו רושם שלהם בעולם אצילות. והוא מנקודת הכתר שלהם נעשה ממנה אחר כך כשנשתנקן עולם האצילות, בחינת פרצוף א"א. ומנקודת חו"ב, נעשה שני פרצופים או"א. ומן חסד עד היסוד שבהם, הם ששה ספירות, נעשו פרצוף ז"א. ומן עשירית, נעשה פרצוף נוקבא דז"א. ואמנם כאשר היה אחר כך זמן התיקון, אשר אז הלבישו זה לזה כנזכר לעיל באורך, ולא הונחו במקומם הראשון ממש, אמנם היה באופן אחר. **והוא כי הנה נודע כי א"א מתפשט עד סיום אצילות ממש,** ומהראוי היה שאו"א יהיו למעלה במקום חו"ב דא"א, כי הרי הם חו"ב, אבל לא כך היה, **אלא שהלבישו את חו"ג דא"א.** וכן מהראוי היה שז"א, אשר בחינתו ו"ק, מחסד עד יסוד, ילביש ו"ק דא"א, ולא כך היה, **אלא שאינו מלביש רק מחצי תפארת דא"א ולמטה כנזכר לעיל.** ואמנם נוקבא דז"א נשארה במקומה הראשון, והוא **שהיא מלבשת את המלכות דא"א.**
111

תרשים ד – ח.
112

ע"ח שי"א פ"ח מ"ת דנ"ד ע"ד – כי הנה בחינת פרצוף עתיק, הג"ר דיליה אינן מתלבשין, ומתעלמים כלל תוך א"א, ונשארו בגלוי כי אינינו יכול להשיגו ולהלבישו. **ולכן זה הראש נקרא רדל"א,** אמנם שבעה תחתונות שבו, שהם סוד שבעה ימים אלו, הם מתלבשים תוך א"א כנודע. כי יש לו בהם קצת השגה, ולבחינה אלו השבעה תחתונות שלו הם הנקרא עתיק יומין, ר"ל עתיק של בחינת שבעה תחתונות, הנקרא שבע ימי קדם כנודע, ובהם יש קצת השגה, וידיעה.

הספירות דעתיק יומין, ואו"א מלבישים את א"א מהגרון דיליה עד מקום החזה שלו, וישסו"ת מהחזה דא"א עד הטבור
שלו, וזו"ן מהטבור דא"א ולמטה.

אחרי שהרב ז"ל ביאר את התפשטות והתלבשות פרצופי האצילות אחרי התיקון, חוזר הרב ז"ל ומבאר את התפשטות
אחורי הנה"י דכתר דנקודים לפני התיקון דעולם האצילות, ולמה אחורי הנה"י דכלי הכתר דנקודים לא התפשט מתחת
לשליש התחתון דתפארת דנקודים.

וְהִנֵּה כַּאֲשֶׁר הוּא עַתָּה מִתְפַּשֵּׁט אחורי הנה"י דכלי הכתר דנקודים **עַד** מקום **הַתִּפְאֶרֶת**
דנקודים, **הוּא בְּעַצְמוֹ** המקום **מַה שֶׁיִּהְיֶה אַחַר כָּךְ בְּעֵת הַתִּיקוּן מְקוֹם** השליש התחתון
של **הַתִּפְאֶרֶת שֶׁלוֹ** ר"ל[113] של הכתר דאצילות, שהוא פרצוף א"א **בְּמִישׁ**[114], שהוא מקום[115] הטבור דפרצוף
א"א דאצילות.

וְהִנֵּה[116][117] אחר התיקון של פרצופי האצילות, **אוֹ"א**[118] עילאין וישסו"ת **הָיוּ מַלְבִּישִׁין** את **שְׁתֵּי
זְרוֹעוֹתָיו** של א"א, שהם ספירת החסד והגבורה דא"א, את זרוע **יָמִין** שהוא החסד דא"א מלביש אבא עילאה

---

[113]

מבוא שערים ש"ב ח"ב פ"ה ד"ז ע"ד – ונמצא כי במקום שנתפשט עתה זה הכתר, שהוא עד חצי התפארת
דז"א, שם יהיה ממש אחר כך בעת התיקון מקום התפארת שלו עצמו, וטיבורו.

[114]

הגהות וביאורים)ג(– עיין מבוא שערים דף כ' ע"א, זה הלשון יותר מתוקן.

[115]

תרשים ד – ט.

[116]

כרם שלמה ש"ט פ"ד אות ג' – ומה שכתב, והנה או"א היו מלבישים וכו'. פירוש, אחר כך בעת התיקון
או"א שהם שתי ספירות של חו"ב דאצילות, שנקראים בעת התיקון פרצופי או"א, יהיו לעתיד בעת התיקון,
מלבישים לשני זרועות דא"א, שהם בחינת **שתי ספירות חסד וגבורה דא"א**. ואורכם הוא **מן הגרון דא"א
עד מקום הטיבור שלו.** וזהו שכתב - והנה או"א היו מלבישים שני זרועותיו ימין ושמאל. פירוש, **היו** בעת
התיקון. **עד מקום הטיבור שלו.** פירוש, סופם הוא עד מקום הטיבור שלו.

[117]

בית לחם יהודה ש"ט פ"ד ד"ל ע"ב – והנה או"א היו מלבישין שני זרועותיו ימין ושמאל עד מקום הטבור
שלו. או"א הנזכרים הם עם כללות הישסו"ת, כי מה שמסתיים בטבור שלו הם ישסו"ת.

[118]

ע"ח שי"ד פ"א מ"ת דס"ט ע"ד – והנה נתבאר לעיל, כי גם **א"א כלול מזכר ונקבה** בחד פרצוף, הזכר
בקו ימין, והנקבה בקו שמאל. ולסיבה זו כאשר באו או"א להלביש את א"א, **אבא הלביש את קו ימין דא"א,
ואימא את קו שמאל**, כמו שנבאר. והענין הוא באופן זה כי שני כתרים דאו"א הלבישו את **הגרון** את א"א זה
ימין וזה קו משמאל, ושאר הפרצוף של אבא ושל אימא **הלבישו את א"א מהגרון ולמטה, עד הטבור של א"א,**
אבא מימינא, ואימא משמאלא, זה בזרוע החסד, וזה בזרוע גבורה. וגם זה פירוש שני במה שכתוב לעיל,
שנזכר בזוהר - דאבא אחיד ותליא בחסד, ואימא אחיד ותלייא בגבורה. וצריך שנפרט בחינות אלו, כי הלא
נתבאר לעיל שאו"א נחלקים לארבעה פרצופים, והם או"א, וישסו"ת. וצריך שנדע איך ארבעתן מלבישין
לא"א, מן הגרון עד הטבור כנזכר לעיל.
ע"ח שי"ד פ"ב מ"ת ד"ע ע"ג – נמצא עתה כי או"א מתחילין להלביש את א"א מן הגרון שבו, עד סיום
היסוד דעתיק שבתוכו, **שהוא עד סיום שליש עליון דתפארת דא"א, והוא עד החזה שלו**. ואבא מלביש
הימין, ואימא מלביש השמאל. ואחר כך באים ישראל סבא ותבונה, גם הם מלבישין את א"א, מהחזה
הנזכר לעיל **עד טבור של א"א**, שהוא יותר למטה מעט מן חצי תפארת שלו. ישראל סבא **בימין**, ותבונה

וישראל סבא, **וְאֶת זְרוֹעַ שְׂמֹאל** שהוא זרוע הגבורה דא"א מלבישה אימא עילאה ותבונה, כאשר פרצופי או"א עילאין מלבישים את א"א מהגרון עד החזה שלו, ופרצופי ישסו"ת מהחזה שלו עד הטבור דא"א, כך שארבע פרצופים אלו מלבישים את א"א **עַד מְקוֹם הַטַּבּוּר שֶׁלּוֹ** ר"ל של א"א.

וְלָכֵן[119] **אֵיךְ יִתְפַּשֵּׁט** אחורי הנה"י של כלי **הַכֶּתֶר** דנקודים **עַתָּה** קודם התיקון, **יוֹתֵר בְּמָקוֹם אֲשֶׁר אִי אֶפְשָׁר לְהִתְפַּשֵּׁט** אפילו **לְאו"א אֲפִילוּ אַזוֹר הַתִּיקוּן**, ר"ל לא יתכן שאחורי הנה"י של כלי הכתר דנקודים, יתפשט עתה למקום יותר נמוך ממקום התפשטות או"א עילאין וישסו"ת אחר התיקון.

וְאֵיךְ יִהְיֶה[120] אחורי הנה"י של כלי **הַכֶּתֶר** דנקודים **קָטָן וְשָׁפָל** ח"ו **לְמַטָּה מֵהֶם** ר"ל מאו"א עילאין וישסו"ת, אם יתפשט למטה מהטבור, **כִּי הֲלֹא מְקוֹם הַהִתְפַּשְּׁטוּת הָאֲמִיתִּי שֶׁל אוֹ"א** עילאין וישסו"ת, **אֲפִילוּ אַזוֹר הַתִּיקוּן אֵינוֹ רַק עַד** מקום הטבור של **תִּפְאֶרֶת דְּא"א**, **וְאֵיךְ עַתָּה מִתְפַּשֵּׁט**[121] אחורי הנה"י דכלי **הַכֶּתֶר** דנקודים למקום **יוֹתֵר תַּחְתּוֹן** למקום היסוד ומלכות דנקודים, שהוא **לְמַטָּה מֵהֶם** ר"ל מאו"א עילאין וישסו"ת אחרי התיקון, **וְלָכֵן**[122] זוֹ הָיְתָה

משמאל, ואלו הארבעה פרצופין הן מלבישין לא"א, **מִן הַגָּרוֹן עַד הַטַּבּוּר כנזכר לעיל**, מכל צדדיו וסביבותיו, ימין ושמאל, אחור ופנים.
119

כרם שלמה ש"ט פ"ד אות ג' – מה שכתב, ולכן איך יתפשט וכו'. פירוש, הואיל ואנחנו אומרים מקום הטיבור של האצילות עכשיו הוא עצמו מקום הטיבור של א"א בעת התיקון, ואם תרצה להתפשט הכלי דהכתר עד מקום היסוד והמלכות דאצילות, שהוא מן למטה מן בחינת הטיבור שנתפשט בה עכשיו, אזי יהיה מתפשט למטה מן התפשטות או"א, שאינם מתפשטים כי אם עד מקום הטיבור שלו. ואיך אפשר שיהיה הכתר למטה מאו"א. וזהו שכתב - ולכן איך יתפשט הכתר. פירוש, אם אתה עדיין מקשה ואומר, למה לא נתפשט הכתר כי אם עד התפארת, ולא למטה עוד. איך יתפשט יותר ממקום אשר אי אפשר להתפשט לאו"א אפילו אחר התיקון.
120

כרם שלמה ש"ט פ"ד אות ג' – ואם תאמר ומה בכך אם יתפשט יותר. לזה אמר **ואיך יהיה הכתר קטן ושפל למטה מהם**. פירוש, והוא מתפשט למטה מהם, לכן נחשב כקטן ושפל מהם ח"ו.
121

בית לחם יהודה ש"ט פ"ד ד"ל ע"ב – ואיך עתה מתפשט הכתר יותר תחתון למטה מהם. עד סיום היסוד והמלכות דנקודים, כנזכר לעיל בד"ה, והטעם וכו'. אבל אחר התיקון נתפשט למטה עד סיום כל האצילות לצורך ז"א. כי שם מקומו, כמבואר במבוא שערים דף ז' ע"ד, יעו"ש. ומה שנתפשט אחר כך הכתר עד סיום התפארת דנקודים, אף על פי שהוא יותר תחתון מאו"א, דזמן התיקון, זה היה מסיבת אור הדעת שהגדיל את כלי הכתר כנזכר בפרק ג' דלעיל, ולא מצד הכתר עצמו.
122

בית לחם יהודה ש"ט פ"ד ד"ל ע"ב – ולכן זו היתה הסיבה שלא נתפשט הכתר עתה רק עד הטבור תפארת לבד. ולענינות דעתי אפשר ליתן עוד טעם אחר, דאם יתפשט הכתר עד היסוד והמלכות דנקודים, יהיה קולט בתוכו את אורות הנהי"ם, ואת הכלים שלהם העומדים תחתיו בקיומא דחד סמכא, קודם שימלכו בכלים שלהם, וכולם יהיו נבלעים בתוכו. גם או"א אי אפשר להם להתפשט למטה מחסד וגבורה, לפי ששם היו עומדים הישסו"ת, ועדיין היו הישסו"ת פנים בפנים, ולא ירדו אחוריהם.

הַסִּבָּה [דמ"ד ע"ד 88] **שֶׁלֹּא נִתְפַּשֵּׁט** אחורי הנה"י דכלי **הַכֶּתֶר** דנקודים **עַתָּה** [123] **רַק עַד הַטַּבּוּר** של **הַתִּפְאֶרֶת** דנקודים **לְבַד,** ולא למטה מזה.

הרב ז"ל מבאר **בקיצור נמרץ ביותר ומסכם** את סדר[124] והשתלשלות תיקון העולמות, החל מציאת אורות האוזן, חוטם, פה שהוא העקודים, הנקודים, ברודים שהוא[125] עולם האצילות, וכמובן[126] גם תיקון עולמות בי"ע.

---

¹²³

הגהות הרמ"ז והרנ"ש אות קי"ט – נראה לעניות דעתי נתן, שצריך עיון, שלעיל אמר שבעלות אור הדעת למקומו למעלה, אז הוגדל כלי הכתר, ונמשך עד כנגד מקום סיום כל התפארת, וצריך עיון.

¹²⁴

שער ההקדמות, דרוש הרפ"ח נצוצין דכ"ד ע"א – והסתכל עתה וראה, איך תיקון אלו המלכים עד שנעשה מהם בחינת עולם האצילות, לא נעשה ולא נתקן בפעם אחת. רק מדרגה אחר מדרגה, ותיקון אחר תיקון. כי בתחילה לא נברא בחינת כלי בעולם. ונודע כי עיקר התיקון הוא הוית הכלים, להגביל ולהלביש את האורות. ואחר כך כשנאצל עולם העקודים, התחיל להתהוות בחינת כלי, רק שלא היה רק כלי אחד, כולל לכל העשר ספירות שבו, כנזכר לעיל במקומו. ואחר כך כשנאצלו אלו הנקודים, הנקראים מלכים, קודם שנשברו נתהוו להם עשרה כלים לעשר ספירות, והרי זה תיקון אחר. עוד היה בהם תיקון אחר, כי שלושה עליונות שבהם נתקנו בסדר ציור ג' קוים, ימין ושמאל ואמצע כנזכר לעיל, כי זהו עיקר התיקון, כמו שיתבאר לקמן בע"ה, מה שאין כן בשבעה תחתונות. ואחר שנשברו, היה קצת תיקון באורות שבעה המלכים התחתונים, והוא כי נכנסו דרך קוים של כח"ב כנזכר לעיל. גם הכתר עצמו נתקן מעט מעט תחילה, במה שנתפשט עד מקום הטבור שלו לבד כנזכר לעיל, ואחר כך נתפשט עד סיומו, כמו שיתבאר לקמן. ואחר כך עלה ברצון המאציל לתקנם, העלה גם הכלים בעולם האצילות בבחינת קוים, כמו שיתבאר, ועניין זה היה בעת העיבור הראשון דזו"ן, וקודם לכן מעט זמן. ואחר כך כשהיו בבחינת קוים באו האורות שלהם, ונכנסו בתוך הכלים שלהם, וזה היה על ידי העיבור הראשון, אבל לא היו רק בבחינת ג' קוים, בסוד תלת כלילן בתלת בלבד. אחר כך נתפשטו בסוד שש קצוות, שהוא זמן היניקה. ואחר כך נשלמו בסוד פרצוף דגדלות גמור, הנקרא עיבור שני דמוחין. ואז נשלמו כל העשרה כלים. עוד היה הפרש אחר, כי קודם שום זמן עיבור לא היה רק בחינת אור וכלי מצומצם, ואחר כך הגדיל הכלי, ונתרחב בבחינת צורת פרצוף, ועל ידי כך מתמעט האור, ונתקן תיקון גדול על ידי הגדלת הכלי, וכמו שיתבאר לקמן כל אלו הבחינות היטב בעזרת הא"ל.

¹²⁵

ע"ח ש"י פ"ד מ"ק דמ"ט ע"ב – אחר כך יצא שם מ"ה מהמצח דא"ק, והוא סוד טעמים ונקודות הראשונות מס"ג, נקרא עתה ב"ן, ונתחברו עתה מ"ה וב"ן, ומהם נתקנו כל הנקודות, שהם המלכים שמתו, ושאר המלכים שלא מתו, **שבין כולם נקרא אצילות, ועתה אחר התיקון נקרא ברודים**, והוא שבא אחר הנקודים.

¹²⁶

ע"ח ח"ב שמ"ב פ"ג דצ"ד ע"ב – כל ארבע עולמות אבי"ע, הובררו בירור המלכים. היותר מעולה באצילות. והגרוע ממנו בבריאה, וממנו נתהוה בריאה. וכן על דרך זה היצירה. ואחר כך בעשייה, והגרוע מהכל. מה שלא היה יכול להתברר, נשאר בסוד הקליפה, ר"ל שהם דינים קשים עד מאד, שלא יוכלו להתברר מן הסיגים, ונשארו ניצוצי קדושה שלהן בתוך הקליפות, והם נקרא י"א סמני הקטורת. וכן על דרך זה בכל אצילות עצמו, היותר מובחר נברר בעתיק, וגרוע בא"א, ועל דרך זה בכל ספירה וספירה, שבכל פרצוף ופרצוף בפרטות, ואין להאריך בזה, כי אין כח הקולמוס לפרטם. ודע שאחר שהובר חלק העתיק לגמרי, אז התחיל הוא לברר את חלק הא"א, ואחר שהוברר חלק א"א לבדו, אז בירר הוא חלק או"א, ואחר שהוברר חלק או"א, אז התחילו לברר חלקי זו"ן. וכל זה על ידי זווגים ועיבורים, שאותן הניצוצין המבוררים עולין ממקום נפילתן עד למעלה, ונכנסים בבטן הנוקבא, ושוהין שם זמן העיבור, ונמתקים שם, ונעשים שם בחינת פרצוף. ואחר שנתברר האצילות כולו, אז מתחיל בירורי דבריאה להתברר, על ידי נוקבא דז"א דאצילות. ואחר כך, אחר בירור עתיק דבריאה, אז הוא מברר חלקי א"א דבריאה, וכיוצא בזה בכל הבריאה. ועל דרך זה אחר כך ביצירה בכל פרטיו. ועל דרך זה בעשיה, בכל עניין פרטיהן. נמצא שכל ארבע עולמות כולן, הם מבירור שבעה מלכים, ומה שלא הוברר נשאר בסוד אחד עשר סמני קטורת.

וְעַתָּה[127] רְאֵה וְהָבֵן אֵיךְ הָאֲצִילוּת ומציאות כל העולמות שנאצלו מא"ק **לֹא נִתְקַן בְּפַעַם אֶחָד, רַק**[128] **לְאַט לְאַט בָּאוּ תִקּוּנָם זֶה אַחַר זֶה** ר"ל בכל עולם ועולם, ובכל פרצוף ופרצוף תחתון מהעליון נתקן מהעליון ממנו, עם[129] כל זאת היה בתחתון יותר ויותר פרוד בתיקונו מהעליון, **וּבְכָל**[130] **פַּעַם הָיָה נוֹסָף בּוֹ קְצָת תִּקּוּן, כִּי**[131] **הֲרֵי בַתְּחִלָּה** שיצאו[132] אורות האזן והחוטם חוץ

127

מבוא שערים ש"ב ח"ג פ"ז דט"ו ע"ג – ועתה הבן והסתכל, איך עולם האצילות לא נתקן בפעם אחת, אמנם בכל פעם ופעם ניתוסף בו קצת תיקון, כי הרי תחילה לא היה שום בחינת כלי, ונודע כי עיקר התיקון הוא הכלים והפרצופים כנזכר לעיל. ובעקודים ניתוסף קצת תיקון, להיות בו כלי אחד לבד, לכל העשר ספירות שבהם. ואחר כך בנקודים קודם שנשברו, ניתוסף היות להם עשרה כלים, בכל העשר ספירות שבהם. ועוד תיקון אחר בג"ר, שיצאו קצת מתוקנות בדרך קוין כנזכר לעיל בחלק א' פרק ו'. ואחר שנשברו השבעה תחתונות, התחילו האורות להתקן, תתחברו יחד בשלושה אורות, כנזכר לעיל בחלק ג' פרק א', ונכנסו גם הם בבחינת קוים של הג"ר. ואחר כך בעיבור ראשון דז"א, עלו הכלים שם בג"ר דרך קוים, ואז התחילו גם הם להתקן. ואחר כך בהיותם שם בסוד עיבור. עלו גם האורות עם הכלים, בסוד קוים, רק שהיו בבחינת ג' כללין בג'. ואחר כך בעת היניקה נתהוו בבחינת ו"ק, מתפשטים בבחינת קוים. ואחר כך בעיבור שני של המוחין, אז נשלמו כל עשר ספירות שלו להתקן. וגם א"א בתחילה נתפשט עד הטיבור, ואחר כך עד הסוף, כנזכר בש"ב ח"ב פ"ה. ומלבד זה יש פרטים רבים שניתוספו בכל עולם ועולם, כמו שיראה המעיין אותם בחבורינו זה.

128

כרם שלמה ש"ט פ"ד אות ד' – מה שכתב, ועתה ראה והבן, איך האצילות לא נתקן בפעם אחת. עולמות **הנאצלים** שהוא מן הא"ק ולמטה, קורא אותם **אצילות**, אבל לא עולם האצילות דווקא. ומה שהוצרך לכתוב זה כאן עכשיו, אף על פי שאין זה מקומו. אלא כוונתו לומר כי כל עולם ועולם שלמטה מחבירו ניתוסף בו תיקון אחד על העולם שלמעלה ממנו. ולכן התחיל למנות כאן מן האוזן דאדם קדמון, עד שהגיע לעניני שלנו, שאנחנו בו עכשיו, שהאורות האלו של השבעה מלכים נתלבשו בג' קוי כח"ב, וזהו תיקון שניתוסף עכשיו על שלמעלה ממנו. וכוונתו להורות לנו שהתיקון האמיתי, שהוא שהאור העליון יתלבש, ושנתלבש בכלים אי אפשר להיעשות אותו בפעם אחת, כי אם על ידי מדרגות. וזה שכתב כאן **איך האצילות לא נתקן בפעם אחת רק לאט לאט** באו תיקונים, זה אחר זה. **לאט לאט** דייקא.

129

ע"ח ש"ו פ"ב מ"ב דכ"ה ע"ב – ודע כי העולמות העליונים, כל מה שהם יותר תחתונים במדרגה זה מזה, **הם יותר מחוסרי השלימות זה מזה**. לכן תמצא עד עולם העקודים היו חמשה בחינות אור פנימי ומקיפים נגלים, אלא שהשינויים ביניהם הוא, כי באלו היו מתקרבים המקיפים עם הפנימים, ובאלו יותר מתרחקים. ואמנם מעולם העקודים ולמטה, עד סוף העולמות, היה חסרון אחד, שלא נתגלה להם)נ"א בהם(בכל פרטיהם יותר מחמשה אורות פנימים, ושני מקיפים, שהם מקיף ליחידה, ומקיף לחיה. אך לשאר השלושה פנימית לא יש להם בחינת מקיפים מבחינת נר"ן, רק מבחינת יחידה וחיה, אשר מקיף כולם, ולא מפאת עצמם. **אמנם יש בהם שינוים וגירעונות עוד אחרות**, כפי סדר הפרצופים והעולם, אך הכלל שבהם כי אי אפשר להיות פחות)נ"א יותר(מחמשה פנימים, ושני מקיפים עליונים.

130

בית לחם יהודה ש"ט פ"ד די"ל ע"ב – ובכל פעם היה נוסף בו קצת תיקון. כמו כן כתב במבוא שערים דט"ו ריש ע"ג יעו"ש. ודע כי כל מה שמתוסף בו תיקון, כך מתוסף בו פירוד, מסיבת בירורי הדינים והגבורות דב"ן, מבואר במבוא שערים די"ח ריש ע"ג, ובריש פ"ה דשער י"ט שכתב - אך משם ואילך הזכרים מהנקבות, יעו"ש.

131

כרם שלמה ש"ט פ"ד אות ד' – מה שכתב, כי הרי בתחילה לא נעשה בחינת כלי בשום אופן. ר"ל קודם עולם העקודים, **שהוא באורות של האוזן וחוטם**. וכל שכן לעולמות שלמעלה מהם, לא נעשה בהם כלי.

132

לא"ק, וכל שכן האורות שלמעלה מהם **לא נעשה בזוינת** בהם **כלי**[133] **בשום אופן** אפילו כלי אחד לצורך העשר ספירות שלהם, כמו בעולם העקודים, והיה לאורות האלו רק[134] שרשי כלים. **והנה**[136] **נודע**[135] כי כל **תיקון** העולמות והפרצופים **אינו אלא היות** עצמות **האור** שהוא הנשמה, **מתלבש** בתוך ה**כלי, כדי שיוכלו לקבל** העולמות והפרצופים **התחתונים** את **אור העליון.**

והנה[137] **לא התזוייל בזוינת היות הכלי רק בעולם העקודים** שהוא האור היוצא מפה דא"ק, **אמנם**[138] **לא נתהווה** בעולם העקודים **רק כלי כללי אחד** לא"ג אלא[139] צ"ל לכל **העשר ספירות שלו.**

ע"ח ש"ה פ"א מ"ת ד"כ ע"ד – והנה האורות אלו הם בחינת טעמים של שם ס"ג עליונים, אשר הם למעלה על האותיות כנזכר לעיל. **והנה עדיין באלו האורות לא נתגלה בהם בחינת כלי, כלל וכלל.**
133

כרם שלמה ש"ט פ"ד אות ד' – ומה שכתב, בשום אופן, ר"ל **אפילו בחינת כלי אחד**, לצורך כל העשר ספירות, כמו בעולם הנקודים.
134

ע"ח ש"ד פ"א מ"ק, דרוש להר"ר גדליה הלוי די"ח ע"ב – והסתכלות זה, בא ומכה במקום שמתחברים ג' הכלים ביחד, שהוא בחינת נפש, וזהו וירא אלהי"ם את האו"ר, כי האו"ר הוא בחינת הבל אזן וחוטם, שהוא בחינת נשמה ורוח. את הוא בחינת הפה, שהוא נפש. ואז כשראה את הנפש, אז ויבדל אלהי"ם, **שהוא עשיית שרשי הכלים**, והסתכלות זה בדרך ישר עשה רושם)נ"א ראשים(בכל בחינה ובחינה. כי פגע בכל בחינה ובחינה מן ההסתכלות לבחינה הבל כתר, בכתר. וכן על דרך זה נעשה כל **רושם)נ"א ראשית(הכלים.**
135

כרם שלמה ש"ט פ"ד אות ד' – אם תאמר ומה התועלת נמשך מן הכלי אם האור נתלבש בכלי או לא, לזה אמר – **והנה נודע כי כל תיקון אינו אלא היות האור מתלבש בכלי, כדי שיוכלו לקבל התחתונים אור עליון.** פירוש, כל עולם, או כל בריות, או אורות, או אותן שהם תחתונים מן עולם שלמעלה מהם, נקראים תחתונים, וכן אנחנו כל שכן הוא שנקראים תחתונים.
136

ע"ח ש"ו פ"ג מ"ת דכ"ה ע"ג – דע כי בעת שיצאו, לא יצאו שלימים וכמו שנבאר בע"ה. וטעם הדבר הוא, **כי כוונת המאציל היה לעשות עתה התחלת הויות הכלים)נ"א בתחלה הויית הכלי(להלביש האור, לצורך המקבלים, שיוכלו לקבל.** ולכן בהיות שיצאו בלתי שלימים וגמורים חזרו לעלות לשורשן להתתקן ולהשתלם, ועל ידי כך נעשה כלי כמו שנבאר. והענין הוא כי בודאי שבחינת הכלים היה בכח, אף כי לא היה בפועל בתוך האור, כי היה בבחינת האור היותר עב וגס, רק שהיה בו מחובר בעצם היטב, ולכן לא נגלה בחינתו כי)נ"א חבל(כאשר יצא האור דרך הפה ולחוץ, יצא הכל מעורב יחד, וכשחזרו לעלות ולהשתלם כנזכר לעיל, אז ודאי על ידי יציאת האור חוץ לפה, הנה אותו אור בחינת הכלים שהוא יותר עב, קנה עתה עביות יותר, ועל ידי כך לא יוכל לחזור גם הוא למקורו כבראשונה. ונתפשט האור הזך ממנו, ועלה למקורו כנזכר לעיל, ואז נתוסף באור עב כנזכר לעיל עביות יותר על עוביו, **ואז נגמר ונשאר בחינת כלי.**
137

ע"ח ש"ו פ"א מ"ת דכ"ד ע"ב – אחר כך בא הטעמים התחתונים, שמתחת האותיות, **והם בחינת אורות היוצאים דרך הפה של א"**ק, משם ולחוץ. והנה בכאן נתחברו האורות חיבור גמור, כי הרי הם יוצאים דרך צינור אחד לבד. והטעם כי כל מה שהאורות מתרחקים ומתפשטין למטה כך יש יכולת להשיגם ולקבלם, לכן אין חשש אם נתחברו המקיפים עם הפנימים יחד. והנה כיון שכבר נתחברו האורות המקיפים ופנימיים יחד, לכן מכאן התחיל להתהוות בחינת כלים, אלא שהם זכים בתכלית הזכות כמו שנבאר, **לפיכך עדיין לא נתגלה כאן רק בחינת כלי אחד לבד**, אבל האורות הם נחלקים לעשרה, **ואלו האורות נקראו עקודים.**

וְאַזֹר [140] כך בְּעוֹלָם הַנְּקוּדִים קוֹדֶם שֶׁנִּשְׁבְּרוּ הכלים נִתּוֹסַף בָּהֶם קְצָת[141] תִּיקוּן ולא תיקון אמיתי, **וְהוּא כִּי נִתְהַוּוּ עֲשָׂרָה כֵלִים לַעֲשָׂרָה סְפִירוֹת שֶׁבּוֹ,** עם[142] כל זאת הכלים דנקודים היו קטנים. **וְגַם** היה בעולם הנקודים **תִּיקּוּן שֵׁנִי,** והוא **כִּי[143] הג"ר** שהם כח"ב **יָצְאוּ וְנִתְקְנוּ דֶּרֶךְ** ג' **קַוִּים** ימין[144] שמאל ואמצע, **מַה שֶּׁאֵין כֵּן בְּשִׁבְעָה תַּחְתּוֹנוֹת שֶׁיָּצְאוּ זוֹ עַל זוֹ, וְלֹא[145] נִתְקַשְּׁרוּ** הנקודים, והיו נפרדים אחת מחברתה, בסוד רשות הרבים.

וְאַזֹר [146] כך **שֶׁנִּשְׁבְּרוּ הַכֵּלִים** דְּנְקוּדִים כי לא יכלו הכלים דנקודים לסבול את האורות שהתלבשו בהם, והכלים נשברו ומתו, וירדו לעולמות בי"ע, והאורות דנקודים נשארו באצילות, **וְנִתּוֹסַף בָּהֶם תִּיקוּן אַזֹר,**

138

ע"ח ש"ז פ"א מ"ק ד"ל ע"א – הנה קודם מציאות העקודים, **לא היה האור העליון יכול להתלבש בשום כלי,** כי לא היה יכולת בכלים לסובלו, **ושם היה האור בלתי מתלבש בכלי,** עד שהגיע התפשטות האור הגדול ההוא אל בחינת העקודים, **ושם נעשה מציאות כלי אחד אל האור הגדול ההוא,** ואז התחיל האצילות להיות בו איזה מציאות הגבלת האור, מה שלא היה יכול להיות הדבר עד עתה.

139

הגירסא בספר אוצרות חיים – **לכל.**

140

כרם שלמה ש"ט פ"ד אות ד' – ואחר כך העולם הנקודים ניתוסף עוד תיקון יותר, שנעשה בבחינת עשרה כלים מתחילת אצילותם, ואף על פי שאחר כך נשברו, ואין נחשב זה לבחינת תיקון אז, עם כל זאת לגבי כללות העולמות לענין לבישת האורות, כדי שיוכלו התחתונים לקבלו, נחשב זה לתיקון. אף על פי שהוא קודם השבירה, והתיקון האמיתי.

141

כרם שלמה ש"ט פ"ד אות ד' – מה שקראו לתיקון הזה **קצת תיקון,** ולא תיקון אמיתי, אף על פי שנעשה בבחינת עשרה כלים, ולא כלי אחד דוקא, הטעם הוא **מפני שאלו הכלים היו כלים קטנים,** ולא כלים גדולים, לכן לא יכלו לסבול האורות שלהם, עד שאחר כך נגדלו אלו הכלים, על ידי שנתוסף עליהם עוד כלים אחרים ואז יכלו לסבול האורות שלהם, ולכן נחשב **לקצת תיקון,** ולא תיקון אמיתי.

142

ע"ח ש"י פ"ה מ"ב ד"ג ע"א – תחילה היו העשר ספירות כוללים כל עולם אצילות, עצמות וכלים, אלא שהעצמות היה שלם, **והכלים קטנים, ולכן מתו.**

143

ע"ח ש"ט פ"ג מ"ת דמ"ב ע"ד – והנה לטעם זה עצמו היה גם כן שינוי אחר, בין ג"ר שהם כח"ב אל השבעה מלכים התחתונים, כי הג"ר יצאו בקצת תיקון בראשונה, והוא כי כאשר יצאו בראשונה **נתפשטו כסדר** ג' קוין, מה שאין כן **שבעה תחתונות שיצאו זו למטה זו.**

144

תרשים ד – י.

145

ע"ח ש"ט פ"ג מ"ת דמ"ב ע"ד – וכבר ביארנו כי התיקון האצילות הוא בהיות ו"ק עשוי בבחינת ג' קוים, קשורים זה בזה, בסוד השלישי המכריע ביניהן, ואז נקרא רשות היחיד. אבל בהיותן זה על גבי זה, **והם נפרדין אחת מחברתה,** אז נקרא רשות הרבים.

146

ע"ח שי"א פ"ה מ"ת דנ"ב ע"ב – ועתה נבאר תחלתן, איך היו בעת יציאתן הראשונים בהיותן בלי תיקון. דע כי כאשר יצאו אלו העשרה נקודות, יצאו בבחינת אורות וכלים, ואמנם יצאו בלתי תיקון, ולסיבה זו לא יכלו הכלים לסבול האורות שלהם, שהם עצמות שבתוכם, ונשברו ומתו, כמו שנבאר לקמן בע"ה.

50

וְהוּא כִּי גַּם הָאוֹרוֹת דְּשִׁבְעָה הַמְלָכִים הַתַּחְתּוֹנוֹת, הָאוֹרוֹת שֶׁלָּהֶם עָלוּ וְנִתְלַבְּשׁוּ בכלים דכח"ב, ועלו דֶּרֶךְ קַוֵּי כזו"ב, ועמדו[147] כל האורות דנקודים אחרי השבירה של הכלים שלהם, בג' קוין חח"נ בג"ה כדתי"מ כַּנִּזְכַּר לְעֵיל[148] בארוך וברוחב בפרק ג' דשער זה.

וְאַחַר[149] כָּךְ כַּאֲשֶׁר עלה ברצון המאציל, וְרָצָה הַמַּאֲצִיל לְתַקְּנָם ולהחיות את המלכים שנשברו ומתו, הֶעֱלָה מ"ן מתתא לעילא, ועל[150] ידי זה נעשה זווג עליון דע"ב וס"ג דא"ק, ויצא דרך המצח אור, הנקרא[151] בשם מ"ה החדש, אז העלה גַּם את הַכֵּלִים והרפ"ח[152] ניצוצין של שבעה המלכים נקודים הנמצאים בבי"ע, בִּגְבוּל עולם הָאֲצִילוּת, בְּסֵדֶר קַוִּין כְּמוֹ שֶׁנִּתְבָּאֵר בְּעֶ"ה.

147

כרם שלמה ש"ט פ"ד אות ד' – ואחר זה נתוסף עוד תקון אחר, כי האורות של אלו השבעה תחתונות אחר שנשברו הכלים שלהם, הם עלו ונכללו בהכלים של הג"ר, שהם בבחינת קוין. ואז נתלבשו בבחינת כלים, **וגם כן נעשו בבחינת קוין**, ונתקשרו זה בזה.

148

תרשים ד – י"א.

149

ע"ח ש"י פ"א מ"ת דמ"ז ע"ב – והנה כאשר עלה ברצון המאציל, להחיות את המתים, ולתקן את המלכים האלו הנשברים, והנפולים בעולם הבריאה, גזר והעלה מ"ן מתתא לעילא, ועל ידי כך היה זווג עליון דחו"ב דא"ק פנימיות, והוציא שם מ"ה החדש, **ונתקנו המלכים**. וכבר נתבאר לעיל כי שבעה אורות של מלכים דב"ן, נתעלו ונתכללו ונתלבשו בג' קוי חו"ב וכתר, שנתפשטו עד סוף המקום הנזכר לעיל, שהם חג"ת. והנה עתה חזר התפשטות הנזכר לעיל להאסף למעלה, וחזר להיות כבראשונה, שלא היו רק ג"ר במקומן למעלה, והעלה עמהן למעלה במקומן את השבעה אורות התחתונים. ונמצא עתה כל השבעה אורות התחתונים, למעלה במקום הבינה, כי היא אם הבינה, ושם הוא מציאת מקום הריון ועיבור. וכאשר עלו השבעה אורות למעלה, **עלו גם הכלים שירדו בבריאה למעלה באצילות**.

150

ע"ח ש"י פ"ב מ"ת דמ"ח ע"ב – מה שכתוב בזוהר במקומות רבים - כד סליק ברעותיה למברי עלמא דאצילות. פירוש, כי מצח הרצון דא"ק סליק ברעותיה למברי עולם האצילות, על ידי אור מ"ה חדש היוצא ממנו, אשר על ידו נתקן כל האצילות כמו שנתבאר בע"ה. ונמצא כי פירוש רעותא, הוא סוד מצח הרצון הנזכר, כי תרגום רצון רעותא. והנה לפי שבחינת ע"ב הוא בראש א"ק, שהם בחינת המוחין, ומקומם הנזכר הוא מבפנים, כנגד מקום המצח, ושם נזדווגו המוחין, **שהם בחינת ע"ב עם בחינת ס"ג**, שהם אח"פ הטעמים דס"ג, שהם למטה מהמוחין בסוף הראש, ולכן מרוב האור שיש שם בזה המצח, על ידי הזווג הנזכר לעיל, **יצא אור חדש ממנו ולמטה, שהוא שם מ"ה החדש**.

151

כרם שלמה ש"ט פ"ד אות ד' – מה שכתוב, ואחר כך כאשר רצה המאציל וכו'. ר"ל כאשר עלה ברצון לפניו, **ונאצל שם מ"ה החדש לצורך תיקון המלכים האלו**. אז העלה גם את הכלים של השבעה תחתונות שנשברו וירדו לבריאה, העלם מן הבריאה יצירה עשיה לאצילות.

152

ע"ח שי"ח פ"א מ"ת דפ"ה ע"ג – ומתחילה צריך שנבאר ענין שלוש בחינות אלו שיש אל ז"א, **ולכולם צריך תיקון על ידי עיבור זה**. האחד הוא בחינת אורות של המלכים, שנסתלקו מהכלים, ועלו למעלה ומתו הכלים וירדו לבריאה. השני הוא **בחינת רפ"ח ניצוצין של אור, שנשארו בתוך הכלים, בהיותן שבורים, כדי להחיותן חיות מצומצם, כדי שעל ידי כך יהיה בהם מציאות לחזור ולהתתקן ולהחיות**, על ידי עיבור.

הרב ז"ל מסיים פרק זה, ומבאר איך עוד ז"א נגדל, כאשר הכלים שלו חוזרים מבי"ע לאצילות, וחוזרים האורות
להיכנס בכלים אלו. **צריך**[153] **לדעת** כי[154] כל עולם וכל פרצוף נקרא זו"ן בערך לקודם אליו, ואפילו[155] א"ק נקרא זו"ן

ואל תתמה מזה כי כן האדם התחתון בעולם הזה, אחר שמת ויצאה נפשו ממנו, נשאר חלק מנפשו בתוך הגוף,
כדי שעל ידי זה יוכל לקום בתחיית המתים.
153

חסדי דוד אות ע"ו דנ"ב ע"א – ז"א יש בו **נפש רוח שלמים**, כל בחינה כלולה מכ"ה בחינות, דכן צריך
להיות בכל בחינה כדי שתהיה שלימה, בכל בחינה צריך שיהיה בה חמשה בחינות נרנח"י, וכל אחד מהחמשה
כלולה מנרנח"י, הרי חמשה פעמים חמשה הם כ"ה בחינות. וחסר לז"א כל הכ"ה בחינות דנשמה, וכ"ה דחיה,
וכ"ה דיחידה. וכשמקבל המוחין מישסו"ת הנקרא **נשמה דכללות האצילות**, ונכנסים בכלי הבינה דז"א, אז יש
לו הכ"ה בחינות דנשמה שלימה, וכשמקבל המוחין מאו"א עילאין, הנקרא **חיה דכללות האצילות**, ונכנסים
בכלי החכמה דז"א, אז יש לו כ"ה בחינת דחיה שלימותא. וכשמקבל המוחין מא"א הנקרא **יחידה דכללות**
האצילות, ונכנסים בכלי הכתר דז"א, אז יש לו כ"ה בחינות דיחידה שלים. אמנם כל זה הוא בערך הכללות,
כי ישסו"ת גם כן נקרא זו"ן בערך או"א עילאין, ואין בהם רק נפש ורוח, וצריכים עיבור, יניקה, ומוחין
כדי להשלים להם נשמה, חיה, יחידה, וכשמקבלים מוחין מאו"א עילאין, הנקרא בערכם נשמה, אז יש להם
נשמה שלימה לישסו"ת. וכשמקבלים המוחין מא"א הנקרא בערכם חיה, אז יש להם לישסו"ת חיה שלימה.
וכשמקבלים המוחין מאח"פ דא"ק, הנקרא בערכם יחידה, אז יש להם לישסו"ת יחידה שלמה. כי מה שכתב
דישסו"ת הם נקראים נשמה, והם ממשיך מוחין דגדלת לזו"ן, הוא בערך זו"ן, אמנם בערך מה שלמעלה מהם
נקרא זו"ן, וחסרים נשמה, חיה, יחידה, וצריכים לקבלם משלוש מקומות שלמעלה מהם, דהיינו מא"א עילאין,
ומאח"פ דא"ק, כי אלו נקראים נשמה, חיה, יחידה בערך ישסו"ת. וכן או"א עילאין נקרא חיה בערך
זו"ן, ונשמה בערך ישסו"ת, וזו"ן בערך מה שלמעלה מהם, וחסרים נשמה, חיה, יחידה, וצריכים עיבור,
יניקה, מוחין כדי להשלימם, ומקבלים אותם משלוש מקומות שלמעלה מהם, הנקרא בערכם נשמה, חיה,
יחידה, דהיינו מא"א נשמה, ומאח"פ חיה, ומשערות הראש ע"ב דא"ק יחידה. וכן א"א נקרא יחידה בערך זו"ן,
וחיה בערך ישסו"ת, ונשמה בערך או"א עילאין, אמנם בערך א"ק הא"א נקרא זו"ן, ואין בו רק נפש ורוח,
וחסר נשמה, חיה, יחידה, וצריך עיבור, יניקה, מוחין כדי להשלימו, ומקבלם משלוש מקומות שלמעלה ממנו,
הנקרא בערכו נשמה, חיה, יחידה, דהיינו מאח"פ דא"ק נשמה, ומשערות דהיינו ע"ב דא"ק, דהוא חכמה דא"ק
חיה, ומקורץ היו"ד א"ק דא"ק יחידה, כי אח"פ הם מס"ג, ושערות הראש מע"ב ממוחין דא"ק, והם ישסו"ת
ואו"א עילאין דא"ק. נמצא כי א"א כשמקבל מישסו"ת דא"ק, אז יש לו נשמה, וכשמקבל מאו"א עילאין דא"ק,
אז יש לו חיה, וכשמקבל מא"א דא"ק אז יש לו יחידה. כי כמו שזו"ן דאצילות שהם נפש רוח דכללות
האצילות, כן א"א דאצילות שהם זו"ן דכללות א"ק, ואין בו רק נפש רוח בערך כללות א"ק, נשלמו בו
הנשמה, חיה, יחידה מישסו"ת, ואו"א, וא"א דא"ק, שהם נשמה, חיה, יחידה דכללות א"ק. וכן א"ק עצמו
נקרא יחידה בערך האצילות, **אמנם בערך שלמעלה הימנו נקרא גם הוא זו"ן**, ואין בו רק נפש רוח, וחסר לו
נשמה, חיה, יחידה, כי הרי כל כללות א"ק עומד במקום חצי מלבוש התחתון כנודע, כי כללות המלבוש הוא
סוד עסמ"ב, וכשנחלק המלבוש ונקפל חצי התחתון שהוא סוד מ"ה וב"ן, והלביש לחצי העליון שהוא ע"ב
ס"ג, המקום הפנוי הנ"ל שהוא במקום שהיה חצי מלבוש התחתון נקרא אויר קדמון, והכדור הנעשה בתוכו
שבתוכו עומדים עשרה ספירות דא"ק נקרא טהירו, ועל גבי הטהירו בין אויר קדמון למלבוש עומדים עשרה
ספירות דא"ק עילאה סתימאה. הרי כי א"ק עומד במקום מ"ה וב"ן, שהוא סוד חצי המלבוש התחתון, **ולכן**
נקרא זו"ן בערך מה שלמעלה ממנו, וצריך עיבור, יניקה, מוחין להשלימו, ומקבלם משלוש מקומות
שלמעלה ממנו, דהיינו מא"ק סתימאה עילאה נשמה, ומאויר קדמון חיה, ומהמלבוש יחידה. **והמבין יבין כי אי**
אפשר לדבר יותר. וכן נוקבא דז"א דאצילות נקרא זו"ן בערך ז"א, וחסרה נשמה, חיה, יחידה, וצריכא עיבור
יניקה, מוחין להשלימה, ומקבלת אותם משלוש מקומות שלמעלה, הנקראים בערכה נשמה, חיה, יחידה, מז"א
נשמה, מישסו"ת חיה, מאו"א עילאין יחידה. וכן בריאה אין בה רק נפש ורוח בערך נוקבא דז"א דאצילות,
ומקבלת נשמה, חיה, יחידה משלוש מקומות שלמעלה ממנה, הנקרא בערכה נשמה, חיה, יחידה, דהיינו
מנוקבא דז"א דאצילות נשמה, ומז"א חיה, ומישסו"ת יחידה. וכן יצירה נקרא זו"ן בערך בריאה, ומקבלת
נשמה, חיה, יחידה משלוש מקומות שלמעלה ממנו, הנקרא בערכו נשמה, חיה, יחידה, דהיינו מהבריאה נשמה,
ומנוקבא דז"א דאצילות חיה, ומז"א דאצילות יחידה. וכן עשיה נקרא זו"ן בערך יצירה, ומקבלת בריאה,
יחידה משלוש מקומות, הנקרא בערכה נשמה, חיה, יחידה, דהיינו מיצירה נשמה, ומבריאה חיה, ומנוקבא

בערך הקודם אליו. ולכן מה שהרב ז"ל מבאר כאן את העיבור, יניקה, וגדלות דזו"ן, הוא גם בכלל העולמות והפרצופים, וגם בפרט כל פרצוף ופרצוף, כי[156] כל פרצוף הוא בחינת נפש ורוח מעיקרו בערך הפרצוף שמעליו, ונקרא[157] ו"ק,

---

דז"א דאצילות יחידה. **באופן שאין פרצוף בעולם נשלם בכל בחינותו עד שיעלה שלוש מדרגות למעלה ממדרגתו.** ולכן במנחת שבת שאז נשלמים כל העולמות, עולה א"א דאצילות, לא"א דא"ק. ואו"א עילאין, לאו"א דא"ק. וישסו"ת, לישסו"ת דא"ק. וז"א, לא"א דאצילות. ונוקבא דז"א, לאו"א עילאין דאצילות. ובריאה, לישסו"ת דאצילות, הנקרא בריאה דאצילות. ויצירה, לז"א דאצילות, הנקרא יצירה דאצילות. ועשיה, לנוקבא דז"א דאצילות, הנקרא עשיה דאצילות. ואז נשלמו כולם בבחינת נרנח"י, וזו היא מדרגתן האמיתי.
154

תרשים ד – י"ב.
155

רחובות הנהר ד"ג ע"ב – הרי נתבאר היטב מה שכתבנו, **כי אפילו א"ק עצמו הוא זו"ן, שהם ו"ק, שהם מ"ה וב"ן, בערך הקודם אליו.** ואלו המ"ה וב"ן הכוללים שבו, נפרטים לעסמ"ב, שהם עשר ספירות, שהם החמשה פרצופים שבו.

רחובות הנהר ד"ט ע"א – כי אפילו א"ק עצמו, **נקרא זו"ן**, לערך הקודם אליו.
156

רחובות הנהר ד"ח ע"ב – והענין ידוע כי הזו"ן דאצילות דכל פרט, **כבר הם שלמים מצד עצמם מבחינת ו"ק דכללות האצילות,** שהם השני פרצופים חיצון ואמצעי, נה"י וחג"ת הכוללים, כל אחד כלול מחמשה פרצופים, **עם נרנח"י דנפש ורוח הכוללים,** מלובשים בהם. וזה מצד המאציל העליון, ואינם חסרים מהז"א לעולם, וכל אותם המוחין והצלמים שמקבלים הזו"ן מישסו"ת שהם עיבור, יניקה, ומוחין דגדלות ראשון, הוא בירור ותיקון חמשה פרצופים **דפרצוף השלישי, הנקרא בינה דזו"ן,** הנתקן על ידי ישסו"ת, הנקרא בינה, **נשמה דאצילות,** וכנזכר בתחילת פרק ח' משער המוחין, עיין שם. ונמשכים להם חמשה בחינות נרנח"י דנשמה, בחמשה צלמי המוחין, מלובשים בחמשה פרצופי ישסו"ת לחמשה פרצופי בינה הנזכרים דזו"ן, ועל ידי כך נגדל קומת ז"א, עד שיעור כל קומת ישסו"ת, שהוא עד חזה דא"א, כי הלביש לחמשה פרצופי ישסו"ת, כי על ידי התלבשות החמשה צלמי המוחין הנזכרים, בחמשה פרצופי ישסו"ת, ואחר כך כל פרצוף עם הצלם דמוחין שבו, מתפשט בו"ק דכל פרצוף מחמשה פרצופי בינה דזו"ן, נגדל כל פרצוף ונעשה בן עשר ספירות גמורות, כשיעור אותו הפרצוף שנתפשט בו. באופן כי כשלקח ז"א כל גדלות ראשון שהם נרנח"י דנשמה, אז כבר הוא גדול כשיעור ישסו"ת, ונקרא בשם ישסו"ת, שהם נרנח"י דנשמה דאצילות. וישסו"ת נקרא עתה בשם או"א עילאין, כי כפי עליית הז"א בישסו"ת ולקיחתו המוחין דנשמה מהם, כך עליית ישסו"ת באו"א עילאין, ולקיחתם המוחין דחיה מהם, וזה בערך האצילות. אמנם בערכם גם אלו נקראים מוחין דנשמה, וגם או"א עלו וקבלו מוחין מא"א, ונקרא בשם א"א, על דרך זה. וא"א בשם אח"פ, שהם אורות דס"ג דא"ק, ואח"פ בשם אורות דע"ב דחכמה דא"ק, ואורות דע"ב בשם אורות שערות גולגלתא, כתר דא"ק. **....וכן בעלות הזו"ן דאצילות עוד לקבל מוחין דחיה, הנקרא קטנות וגדלות שני מאו"א עילאין,** כגון בשחרית ומוסף דשבת ויום טוב, או בליל פסח, והוא מישסו"ת שעלו כבר ונקראין בשם או"א עילאין כנזכר לעיל, **מהם מקבלים מוחין דחיה לפרצוף הרביעי דזו"ן, הנקרא חכמה,** על דרך סדר קבלתם המוחין דנשמה כנזכר לעיל. ועל ידי כך נגדל הז"א עד שיעור קומת או"א עילאין, שהוא עד הגרון דא"א, ונקרא עתה בשם או"א עילאין, (וישסו"ת שכבר נקרא בשם או"א עילאין, עולים עתה ומקבלים מוחין דחיה מא"א, והוא מאו"א עילאין. ספר כתב יד(שעלו כבר ונקראים א"א, מהם מקבלין מוחין דחיה, ונקרא עתה בשם או"א עילאין עולים עתה ומקבלים מוחין דחיה מא"א, עלה כבר ונקרא בשם אח"פ, ונקרא עתה בשם ע"ב דא"ק, ואורות אח"פ עולים לגולגלתא דא"ק, ונקרא בשם הגולגלתא. ....**וכן על דרך זה בעלות הזו"ן דאצילות, עוד לקבל מוחין דיחידה מא"א,** כגון במנחה דשבת, והוא מישסו"ת שעלו כבר, ונקרא בשם א"א, מהם מקבלים עתה **מוחין דיחידה, לפרצוף החמישי דזו"ן, הנקרא כתר,** על דרך סדר קבלת המוחין דנשמה. ועל ידי כך נגדל הז"א עד שיעור קומת א"א, **שהוא עד טבורא דא"ק,** אשר שם שורשו, ונקרא בשם א"א, וישסו"ת עולים לאח"פ, שהם אורות דס"ג דבינה דא"ק, שורשי ישסו"ת. ואו"א לע"ב דחכמה דא"ק, שהוא שורשם. וא"א לגולגלתא כתר דא"ק, שהוא שורשו.
157

תרשים ד – י"ג.

ונקרא פרצוף אמצעי וחיצון, חג"ת נה"י, וזה בא מצד המאציל העליון יתברך, וצריך כל פרצוף לקבל את הבחינת דנשמה[158], חיה[159] ויחידה[160], שהם גדלות ראשון, שני ושלישי, משלושה[161] הפרצופים שמעליו. כאשר ז"א מקבל גדלות ראשון, מפרצוף אימא, והוא נשמה. גדלות[162] שני, מפרצוף אבא, והוא חיה. גדלות שלישי, מפרצוף א"א, והוא יחידה. וכמובן[163] שכל בחינה ובחינה משלוש הגדלויות האלו מתחלקת לעוד ועוד בחינות.

158

תרשים ד – י"ד.
159

תרשים ד – ט"ו.
160

תרשים ד – ט"ז.
161

ע"ח ש"כ פ"ה דצ"ח מ"ב ע"א – אמנם לפעמים לוקח כולם על ידי **בינה הכללית**, שהם בחינת **ישראל סבא ותבונה**. ולפעמים עולה יותר ולוקח כולם ממקום **החכמה הכללית**, שהם **או"א עילאין**. ולפעמים עולה יותר ולוקח כולם ממקום **הכתר הכללית**, שהוא **א"א ונוקבא**. אמנם דע כי לעולם אי אפשר שיקחם אלא על ידי ישסו"ת, כי הרי הם עליונים ממנו. אך הענין הוא כי אי אפשר לעלות למעלה ממדרגתו, כי הרי אין מקום פנוי וחלל, אמנם צריך שתחלה תתעלה ישראל סבא ותבונה למקום או"א, ואז זו"ן יעלו למקום ישראל סבא ותבונה. ויעלו או"א למקום א"א ונוקבא, ויעלה א"א ונוקבא למדרגה שעליו. וכן על דרך זה עלייה למעלה מעלייה, **עד שיתנענעו ויתחלפו כולם ממקומם**. נמצא כי בעלות ישראל סבא ותבונה למעלה במקום או"א, הנה נמצא זו"ן במדרגת ישראל סבא ותבונה. וכשעלו ישראל סבא ותבונה למעלה בא"א ונוקבא, יעלו זו"ן במקום או"א עצמם, ונמצא כי הרי הם נקרא או"א עצמן. אמנם אינם מקבלים הארה והמוחין שלהם אלא על ידי ישסו"ת שגם הם עלו, **ודי בזה**.
162

ע"ח ש"כ פי"ב מ"ב דק"ב ע"א – ודע כי עד עתה לא לקח ז"א רק שלוש כלים דישראל סבא ותבונה, אשר שניהן נקראו **בינה** לבד, בסוד וחכם בבינה, שהיא **ה'** ראשונה שבשם כנודע אצלינו, לכן אינו רק **נשמה שהוא נגד בינה**. אך אחר כך חוזר ז"א לקחת שלוש כלים אחרים דאו"א עילאין, ששניהם בסוד **חכמה** לבד, בסוד הבן בחכמה והוא **י'** ראשונה שבשם, והם סוד עיבור ויניקה וגדלות שניים, הנזכר בכוונת ליל פסח...... והנה עתה לוקח ז"א כלים שלהם, ולכן לקח גם בחינת **חיה** דז"א..... אחר כך עולה בא"א עצמו, ושם קונה **יחידה** עצמה האמתית ,אז נשלם ז"א לגמרי. והסוד כמו שנתבאר, כי העולמות נפלו ממקומם, ומקום ז"א בראשון הוא במקום שעתה א"א, **והבן זה**.
163

נהר שלום דל"ד ע"ד – הרי מבואר בפירוש כי אחר עבור יום ראשון דפסח, נסתלקו מהזו"ן **המוחין דקטנות וגדלות ראשון, והמוחין דקטנות וגדלות שני**, שנמשכו לזו"ן בתפלת ערבית דליל פסח, ועתה חזרו לבחינת תלת כלילין בתלת. וחזרו החיצונים להתאחז בהם ובדמי החו"ג דנוקבא כבראשונה, אלא שלא היתה אחיזה גמורה כבתחילה, אשר לא היה אז כח בידינו לבטל אחיזתם. אבל עתה כבר הותש כוחם, ונתבטלה אחיזתם הגמורה, ועתה יש כח בידינו לבטל אחיזתם, ואנחנו חוזרים להמשיכם להם לאט לאט על ידי מצות ספירת העומר, וכל זה הוא בפנימיות, כי הלל גמור ובדילוג הנזכר לעיל בדברי הרב ז"ל, הוא בתפילות, שהם בפנימיות.

נהר שלום דל"ו ע"ד – ועל ידי לימוד דליל שבועות, להמשיך **המוחין דקטנות וגדלות מנה"י הכוללים דאו"א**, לחח"ן בג"ה דתי"ם דנה"י הכוללים דחכמה דזו"ן. ומנה"י **הכוללים דישסו"ת** לנה"י הכוללים דבינה דזו"ן. ולהמשיך התפשטות המוחין, שהם חיריק וקיבוץ ושורק מחג"ת דשבעה הפרצופים הכוללים דחב"ד חג"ת הנזכרים לעיל, לנה"י הפרטים שלהם. ואפשר שעל ידי העומר נבנו ונתקנו אלו השבעה פרצופים חב"ד חג"ת, שהם על ידי עתיק ונוקבא, וא"א ונוקבא, ואו"א, וישסו"ת, לגמרי. ונתפשטו בהם המוחין עד למטה, ולא נשאר לתקן כי אם הנה"י הכוללים דבינה ודחכמה, על ידי הלימוד. גם על ידי לימוד דליל שבועות, להמשיך **מוחין שלמים דנרנח"י דיחידה מא"א** לחח"ן בג"ה דתי"ם **דחמשה פרצופי הכתר דזו"ן**, ועל ידי הטבילה, להעלות הכפל דחסד דתפארת דכל העשרה פרצופים הכוללים, **דבינה ודחכמה ודכתר**, לכתרים

וְאֵזֹר[164] **כך** שברי הכלים דנקודים שעלו מבי"ע לאצילות **שֶׁנַּעֲשׂוּ**[165] **בבזוינת קָוין** תלת[166] כלילן בתלת, והמלכות עמהם בסוד פסיעה לבר. ואז **בָּא**[167] זמן הָעִיבּוּר[168] **רִאשׁוֹן שֶׁל זו"ן** והוא שהאורות,

---

דכתרים שלהם, ולהמשיך להם המוחין מכתרים **דישסו"ת, ודאו"א, ודא"א**, והוא שער המ"ב דכתר, שהוא שער החמישים, הכולל חמשים שערים, והוא תשלום התפשטות הנה"י החדשים, והוא שורש הארבעה מוחין שבכתר.

164

ע"ח ש"י פ"ג מ"ת דמ"ח ע"ד – אבל עתה נתוסף תיקון גדול, והוא כי נקודת הכתר נמשכה ונתפשטה ממקומה עד למטה, קרוב אל סיום רגלי א"ק, כמו שנבאר בע"ה. וזה ההתפשטות הוא כל שיעור הנקרא בשם עולם אצילות, ונקודה זו היא נקראת נוקבא (נב"א נקודה) דעתיק דעתיק יומין דדכורא, הנעשה מטעמים דמ"ה כנזכר לקמן, גם הוא מתפשט לשיעור הנזכר לעיל. וכן עשו כל השאר, א"א ונוקבא, ואו"א, וזו"ן, והלבישו זה את זה, עד בחינת זו"ן, באופן שכל רגלי הפרצופים דאצילות בין דעתיק, בין דא"א, בין דאו"א, בין דזו"ן, כולן שוין בסיומם, והם מסתיימים יחד, מעט למעלה מסיום רגלי א"ק, ושם הוא סיום האצילות כולו. ועל ידי כך נעשה נשמה זה לזה, וזה מלביש לזה. וגם כי על ידי זה יוכלו הנבראים לקבל אורות העליונים, שהם עתה מכוסים ומתלבשים זה תוך זה, וגם כי הכלים שלהם הגדילו על ידי שנתפשטו עד למטה, ובזה יש בהם כח לקבל האורות שלהם, בהיותן כלים גדולים.

165

ע"ח ש"י פ"א מ"ת דמ"ז ע"ג – ונמצאו עתה כל השבעה אורות התחתונים, למעלה במקום הבינה, כי היא אם הבינה, ושם הוא מציאת מקום הריון ועיבור. וכאשר עלו השבעה אורות למעלה, עלו גם הכלים שירדו בבריאה למעלה באצילות, אך לא נתחברו יחד, וכמו שהשבעה אורות היו בבחינת עיבור, ותלת כלילין בתלת, ונקודה מלכות היתה שביעית אליהם, **בסוד פסיעה לבר**, כמו שנבאר למטה בע"ה. גם הכלים היה זה באופן זה, תלת כלילין בתלת, והמלכות עמהן. והיה באופן זה, כי הכלים של נצח וחסד, עלו דרך קו ימין באצילות, ושניהן עמדו וישבו במקום ספירת נצח דאצילות. וכלים של הוד וגבורה עלו באצילות דרך קו שמאל, ועמדו בספירת הוד דאצילות. והכלים של הדעת ותפארת עלו מן הבריאה אל אצילות, דרך קו האמצעי, ועמדו במקום היסוד דאצילות. והכלים של היסוד והמלכות עלו מבריאה לאצילות, ועמדו במקום מלכות דאצילות. ונמצא שגם הכלים היו כלולים תלת בתלת, והמלכות עמהם. ולא היה מרחק בין האורות והכלים יותר משלוש ספירות ריקנית, שהם חג"ת, כי האורות כולם בבינה הן עומדים כנזכר.

שער מאמרי רשב"י, אדרא רבא דמ"ו ע"א – אבל כבר ביארתי לך דרוש ענין ז"א ונוקבא, איך הולכים וגדלים מקטנותם ועד גדלותם, ושם ביארנו כי כאשר נולד הז"א, כאשר היה בסוד עיבור במעי אימיה, יצא אז מבחינת שש קצוות בלבד, בלי שלשה ראשונות, וזו היא סוד אות ו' שבתוך אות ה' ראשונה דשמא קדישא, שאין לה ראש. והנה בסוף זו הו' יצתה המלכות כדמיון נקודה אחת בסוף הוי"ו, והוא סוד הנרמז אצלנו בפרשת בלק דף ר"ב ע"ג בסוד - אשורנו ולא עתה, אושיט פסיעה לבר. כי המלכות יצתה בדמיון פסיעה, ונקודה קטנה תחת אות הוי"ו, בולטת קצת לחוץ. ואז עמדה המלכות תחת היסוד בסיום הוא"ו.

166

גמרא נידה ד"ל ע"ב – דרש רבי שמלאי, למה הולד דומה במעי אמו, **לפנקס שמקופל** ומונח ידיו על שתי צדעיו, שתי אציליו על שני ארכובותיו, ושני עקביו על שני עגבותיו, וראשו מונח לו בין ברכיו. ופיו סתום, וטבורו פתוח, ואוכל ממה שאמו אוכלת, ושותה ממה שאמו שותה, ואינו מוציא רעי שמא יהרוג את אמו. וכיון שיצא לאויר העולם, נפתח הסתום, ונסתם הפתוח, שאלמלא כן אינו יכול לחיות אפילו שעה אחת, ונר דלוק לו על ראשו, וצופה ומביט מסוף העולם ועד סופו. שנאמר - בהלו נרו עלי ראשי לאורו אלך חשך.

ילקוט שמעוני, ויקרא פי"ב תקמ"ז – כיצד הולד שרוי במעי אמו, **מקופל ומונח כפנקס**, ראשו מונח לו בין ירכיו, ושתי ידיו על שני צדעיו, שתי עגבותיו על שתי עקביו, פיו סתום טבורו פתוח, ואוכל מה שאמו אוכלת ושותה מה שאמו שותה, ואינו מוציא רעי שמא יהרוג את אמו, יצא לאויר העולם, נסתם הפתוח, ונפתח הסתום.

167

הכלים ורפ"ח הניצוצין נכנסו[169] תוך מעי דאימא[170], האורות[171] ביסוד דאימא עילאה, הנצוצין במקום החתך, ושברי הכלים ביסוד דתבונה, **וניתוסף**[172] **תיקון שֵׁנִי** לזו"ן, והוא **שֶׁנִּכְנְסוּ הָאורות** והניצוצין, ונתלבשו **בְּתוֹך הַכֵּלִים** שלהם, וכל זה נעשה תוך מעי דאימא, **אמנם עֲדַיִן לֹא היה רק בּבְזֵינַת ג' קָוִין בלבד, אשר זה נִקְרָא**[173] **אצלינו תלת כלילין בתלת,** כאשר בזמן העיבור היו מלובשים החג"ת בנה"י, וז"א נקרא בבחינת[174] **נפש, ועיבור.**

כרם שלמה ש"ט פ"ד אות ד' – ומה שכתב עוד, ואחר כך בא עיבור ראשון. ר"ל אז נכנסו אלו האורות, והכלים אלו השבעה עמהם בתוך הבינה, ואז נכנסו וישבו האורות בתוך הכלים שלהם, וזה נקרא עיבור ראשון, מפני שאחר כך בבא המוחין דגדלות נקרא עיבור שני. לכן זה של עכשיו נקרא עיבור ראשון.
168

כרם שלמה ש"ט פ"ד אות ד' – וזהו שכתב - ואחר כך שנעשו בבחינת קוין בא עיבור ראשון. ר"ל בא זמן עיבור ראשון של זו"ן, שהם אלו השבעה קצוות, וניתוסף תיקון שני, שנכנסו האורות תוך הכלים.
169

ע"ח שי"ט פ"א מ"ת דפ"ט ע"ד – ונחזור עתה לענין ראשון, כי שלוש בחינות יש בז"א, **והם אורות, ניצוצין, וכלים.** וכל שלוש בחינות אלו נכנסין **תוך מֵעוֹי דאימא,** בינה. להתקשר, ולהתחבר, ולהתתקן שם בבחינת עיבור. לכן נבאר עתה שלוש בחינות מקומות בבחינות שיש בבינה, אשר בהם נכנסו שלוש בחינות הז"א הנזכר לעיל בסוד העיבור. והוא כי הלא נתבאר שבינה ותבונה, נכללו ונעשו פרצוף אחד בלבד. והנה השלוש מקומות שבבינה הם אלו. **אֶחָד,** הוא המקום אשר היה בתחלה בחינת יסוד דבינה העליונה, בהיותה נפרדת מן התבונה. **שֵׁנִי,** הוא המקום אשר היה בתחלה יסוד תבונה. **שְׁלִישִׁי,** הוא מקום החתך, שבין רגלי הבינה לראש התבונה. והנה אף על פי שעתה נתחברו בינה ותבונה בפרצוף אחד, עם כל זאת הרושם של מקום הנזכר לעיל נשאר שם, כנודע אצלינו בהקדמה - שאין לך שום אור שאינו מניח רשימו במקומו, אף אחר הסתלקותו משם. והנה במקום שהיה יסוד דבינה, שם נכנסו האורות. ובמקום החתך, שם נכנסו הניצוצין, ובמקום יסוד דתבונה, שם נכנסו הכלים. ובהיות שלוש מקומות אלו, ובהם שלוש בחינות אלו הנזכרים לעיל, **זה נקרא בחינת עיבור** דז"א במעוי דבינה.
170

ע"ח שי"ט פ"ו מ"ב דצ"ב ע"ד – אחר כך בהמשך כל התשעה ימי חדשי העיבור, נתבררו נה"י שבכל קצה מו"ק דב"ן, על ידי שבאו גם כן נה"י שבכל קצה מו"ק דמ"ה החדש, והרי שבעיבור היו תלת כלילין בתלת, כי היו ששה מלכיות. אמנם כשנגדלו בחינת נה"י, לא נגדל רק בחינת נה"י שבכל קצה מהם, ולכן ענין העיבור אינו רק בחינת נה"י לבד, אלא שהוא בכל קצה וקצה מו"ק. אחר כך ביניקה מתבררין גם בחינת חג"ת שבכל קצה מו"ק דב"ן, וכן באו ונתחברו חג"ת שבכל קצה מו"ק דמ"ה החדש, והרי עתה נגמרו הו"ק כל קצה, כלול מו"ק דב"ן וכן מו"ק דמ"ה. אחר כך בגדלות באו תחלה חב"ד שבכל קצה דו"ק דב"ן, וחב"ד שבכל קצה מו"ק דמ"ה, נמצא שכבר ו"ק דז"א נגמרו כל אחד מעשר ספירות דמ"ה וב"ן, לכן הם נקרא מוחין דגדלות דו"ק דשמות דמ"ה וב"ן. **והבן זה מאד.** ואחר כך באו ג"ר בפעם אחת, שכל אחד כלול מעשר ספירות דמ"ה, ואז הז"א נקרא גדול ושלם, בן י"ג שנים. ואחר כך נכנס כתר דמ"ה ודב"ן, בכל העשר ספירות שבכתר ביום אחד, והרי בן י"ג שנים ויום אחד.
171

תרשים ד – י"ז.
172

כרם שלמה ש"ט פ"ד אות ד' – ומה שכתב עוד, ואחר כך בא עיבור ראשון. ר"ל אז נכנסו אלו האורות, והכלים אלו השבעה עמהם בתוך הבינה, ואז נכנסו וישבו האורות בתוך הכלים שלהם, וזה נקרא עיבור ראשון, מפני שאחר כך בבא המוחין דגדלות נקרא עיבור שני. לכן זה של עכשיו נקרא עיבור ראשון. וזהו שכתב - ואחר כך שנעשו בבחינת קוין בא עיבור ראשון. ר"ל בא זמן עיבור ראשון של זו"ן, שהם אלו השבעה קצוות, וניתוסף תיקון שני, שנכנסו האורות תוך הכלים.
173

ואזור[175] כך ילדה אימא את זו"ן, **נתפשטו בסוד ששה קצוות** והמלכות[176] בסוד פסיעה לבר, וזה היה **בזמן היניקה** שאז נתפשטו החג"ת מתוך הנה"י[177], וז"א נקרא **נפש ורוח. ואזור**[178] כך בזמן **המוחין** שנתלבשו האורות דחב"ד בז"א, **נשלמו כל העשרה כלים** דנקודים, ונקראים עתה **עולם האצילות,** וכמו שנתבאר בהקדמה לסוגיה זאת, המוחין באים בג' שלבים, גדלות[179] ראשון, הנקרא **נשמה.** גדלות[180] שני, הנקרא **חיה.** וגדלות[181] שלישית, הנקרא **יחידה.** כך נשלם ז"א באופן[182] כללי בכל החמשה הפרצופים שלו[183].

כרם שלמה ש"ט פ"ד אות ד' – מה שכתב, אמנם עדיין וכו'. ר"ל אף על פי שהיו בחינת שבעה קצוות, ועכשיו לא עלו וישבו כי אם בשלוש מקומות לבד, ולא בשבע מקומות. עם כל זה נקרא בחינת **תלת כלילן בתלת.**
174

תרשים ד – י"ח.
175

כרם שלמה ש"ט פ"ד אות ד' – ואחר כך נתפשטו בסוד ו"ק בזמן היניקה. ר"ל מה שהיו החג"ת מתלבשים בתוך הנה"י, אחר כך בזמן היניקה, נתפשטו החג"ת מתוך הנה"י, ואז נעשו בחינת ו"ק בבחינת גדולים יותר מזמן העיבור. כי עתה נראית בחינת הו"ק שלהם, ואין נקראים עוד בבחינת תלת כלילן בתלת. ועוד שניתוסף עליהם עוד גדלות יותר, כמבואר במקומו. וכל זה עד עכשיו נקראים בחינת ו"ק.
176

ע"ח ח"ב שכ"ח פ"ב מ"ת די"ח ע"ד – ואז הוציא את החיצוניות ו"ק דז"א, תלת כלילין בתלת, **ואת הנוקבא בסוד פסיעה לבר,** כמבואר אצלינו, ועיין לעיל היטב.
שער מאמרי רשב"י, אדרא רבא דמ"ה ע"ג – אבל כבר ביארתי לך דרוש ענין ז"א ונוקביה, איך הולכים וגדלים מקטנותם ועד גדלותם, ושם ביארנו כי כאשר נולד הז"א בסוד עיבור במעי אימיה, יצא אז מבחינת שש קצוות בלבד, בלי שלושה ראשונות, וזו היא סוד אות ו' שבתוך אות **ה'** ראשונה דשמא קדישא, שאין לה ראש. והנה בסוף זו הו' יצתה המלכות, כדמיון נקודה אחת בסוף **הוי"ו,** והוא סוד הנרמז אצלנו בפרשת בלק דף ר"ב ע"ב בסוד - אשורנו ולא עתה, אושיט **פסיעה לבר.** כי המלכות יצתה **בדמיון פסיעה,** ונקודה קטנה תחת אות הוי"ו, **בולטת קצת לחוץ,** ואז עמדה המלכות תחת היסוד בסיום הוא"ו.
177

תרשים ד – י"ט.
178

כרם שלמה ש"ט פ"ד אות ד' – אבל אחר כך בזמן הגדלות, אז ניתוסף בהם עוד גדלות יותר, **ואז הו"ק נעשו עשר ספירות,** ואז נשלם הז"א בבחינת עשר ספירות, ולא כמקודם. וזהו מה שכתב **ואחר כך בזמן המוחין.** ר"ל בזמן ביאת החב"ד שנקראים **מוחין,** נשלמו כל העשרה כלים.
179

תרשים ד – כ.
180

תרשים ד – כ"א.
181

תרשים ד – כ"ב.
182

תרשים ד – כ"ג.
183

תרשים ד – כ"ד.

עוֹד[184] **הָיָה שִׁינּוּי אַזֵר** מזמן יציאת הכלים והאורות דנקודים, לזמן התיקון, **כִּי בַּתִחְלָה** לפני שעלו שברי הכלים דנקודים מבי"ע לאצילות, אפילו **קוֹדֶם שֶׁהָיָה שׁוּם עִיבּוּר** בתוך מעי דאימא בזמן התיקון, **אֲפִילוּ**[185] בזמן העיבור **הָרִאשׁוֹן** של האורות דֵזו"ן בתוך כלי הבינה, לפני שיצאו האורות דנקודים להתלבש בכלים שלהם. וכאשר נתלבשו האורות בכלים דנקודים, **לֹא הָיָה רַק אוֹר** דנקודים **בַּכְּלִי** המצומצם דנקודים, ולכן נשברו ומתו המלכים. **וְאַזֵר**[186] כך בזמן התיקון **נִגְדַּל הַכְּלִי וְנִתְרַחֵב** כדי להלביש את אור דיליה, **בְּסוֹד פַּרְצוּף גָּמוּר** בעל רמ"ח אברים ושס"ה גידין, **וּכְדֵי לְהַמְעִיט הָאוֹר, כִּי זֶה עִיקָר כּוֹונָת הַתִּיקוּן** שהאור[187] יתלבש בכלי שלו, **כְּמוֹ שֶׁיִּתְבָּאֵר**[188] לקמן ב"ה יתברך[189].

184

כרם שלמה ש"ט פ"ד אות ד' – ומה שכתב, עוד היה שינוי אחר וכו'. הוא העניין האמור לעיל בדברינו, כי בתחילה הכלים היו קטנים, ולכן האור שהיה בתוכו היה גם כן מצומצם, כי הכלי היה קטן, ולכן לסיבה זאת גם כן לא יכלו הכלים לסבול את האור, מפני שהיה הכלי קטן. וזהו שכתב **עוֹד הָיָה שִׁינּוּי אַחֵר, כִּי בַּתִחְלָה קוֹדֶם שֶׁהָיָה שׁוּם עִיבּוּר, אֲפִילוּ הָרִאשׁוֹן דְּזו"ן**. ר"ל בזמן עליית הכלים מן הבריאה לאצילות, **לֹא הָיָה רַק אוֹר בַּכְּלִי מצומצם**, ואחר כך נגדל הכלי. ר"ל בעת התיקון, והוא זמן יציאת שם מ"ה החדש.

185

ע"ח ש"ח פ"ד דל"ח ע"ב – אבל דע, כי כאשר אור הכתר נכנס תחלה בכלי שלו, היו שאר האורות בטלים בו בערכו, שהוא גדול מכולם יחד, ולכן היה יכולת בכלי שלו לסובלו, ולסבול תשעה אורות האחרים, ולא נשבר. וכן כאשר יצאה אור החכמה, ונכנס בכלי שלו, היו השמונה אורות כלולים בו. **וכן בצאת אור הבינה כלולה משבעה אורות, ונכנסים בכלי שלה היו הכלים יכולים לסבול, ולא נשברו.** כי כולם הם בטלים בערך או"א, דמיון הבנים שבתחלה עומדים כלולים במוח אביהם, בסוד טיפת מוח. **וכן בהיות בנים בסוד עיבור במעי אמן**, יכולין להיות שם, **והיא יכולה לסובלם.**

186

כרם שלמה ש"ט פ"ד אות ד' – ונתרחב בסוד פרצוף גמור כדי להמעיט האור. ר"ל כי אז היה האור רב, ולכן אי אפשר להכלי להכיל אותו, אבל נעשה הכלי בבחינת פרצוף, שהוא בבחינת **רמ"ח אברים ושס"ה גידים**, וממילא נגדל ונתרחב הכלי, ולכן האור גם כן נתפשט בכל התרי"ג אברים אלו. ולכן יכלו לסבול הכלים האלו הגדולים בחינת האור הזה שהיה בהם קודם לכן. וזהו תכלית התיקון, שיהיה הכלי רחב והאור מועט.

187

ע"ח ש"ט פ"ד מ"ת דמ"ד ע"ד – והנה נודע כי **כל תיקון אינו אלא היות האור מתלבש בכלי**, כדי שיוכלו לקבל התחתונים אור העליון.

188

הגירסא בספר אוצרות חיים – **לקמן ב"ה יתברך.**

189

הגהות הרמ"ז והרנ"ש אות ק"ך – נראה לעניות דעתי נתן, שאחר עומק העיון בשבעה מלכים קדמאין, מצאתי בהם כל א"ב, חוץ מאותיות **גט"ס**, ורזא דמלה שאחר שהיה חסר מהם הטעמים דס"ג, שהוא ע"ב דס"ג, ולא קבלו רק מנקודות דס"ג, שהוא ס"ג דס"ג, ולכן מתו. וזה שחסר מהם אותיות אלו, רומזים על ענין הנזכר, שהם אותיות ס"ג. ואות **ט'** רומז על טעמים דס"ג, שהיה חסר מהם שם ע"ב, שהוא טעמים דס"ג כנ"ל. ועוד טעם שני, כמו שנתבאר אחר כך, כי שם מ"ה החדש, יצא מבחינת זווג דע"ב וס"ג, ולכן כיון שהוא נמשך מכח ע"ב, לכן הוא גדול מהב"ן, שלא נמשך רק מס"ג לבד, ולכן חסר מהם אותיות גט"ס, שהם גימטריא ע"ב, ויש בהם אותיות **ס"ג** בפירוש, להורות שהיה חסר זווג דע"ב וס"ג, כמו שהיה הזווג להוציא למ"ה, ולכן מתו. עוד טעם שלישי, כמו שמבאר האר"י זלה"ה בספר הדרושים דף י"ב ע"ב, כי מתחלה נזדווגו ע"ב וס"ג בסוד הגבורה, ואז נברא העולם בסוד מדת הדין, ויצא בת בתחילה, שהוא שם ב"ן, עד שחזרו להזדווג, והולידו שם

מ"ה שהוא רחמים, והולידו טיפת הלובן הנקרא חסד. והטיל במלכות דמלכות שבו, שהוא סוד טיפת אודם ארץ אדום, וכדין עלמין אתבסמו, בסוד זווג יסוד ומלכות. וזה סוד - ביום עשות הוי"ה אלהי"ם, שיתף רחמים בדין, עד כאן לשונו. ונמצא שהיה חסר מהם הזווג דחסד, כנודע דחסד שרייא בפומא דאמה, שהוא ביסוד דבינה. ונודע שאות **ט' רומז ליסוד**, צדיק יסוד עולם, כמו שכתוב בספר הזוהר באותיות א"ב, בהקדמת בראשית, דכל טובך גניז בגווך, שהוא טיפת החסדים, הגנוזים בנקודת היסוד דבינה, וזהו שהיה חסר משבעה מלכים אלו האותיות **גט"ס**, שהוא אות **ט' תוך הס"**ג, שעדיין היה תוך נקודת ציון, יסוד דבינה הנקרא ס"ג, ולכן מתו, שלא גילה להם החסד כי אם הגבורה. וזהו **גט"ס, גימטריא חסד**, שהיה חסר מהם סוד החסד, דשריא בפומא דאמה. ולכן אחר כך כשמלך מלך השמיני, שהוא הדר, הביא עמו שני ט' ט', שהם מהיטבא"ל בת **מטר"**ד, שהוא שני פעמים כי ט"ב, אחד לעצמו, ואחד מה שהיה חסר מתחלה מב"ן, ובזה נתקנו ונתבסמו, אבל בס"ג נשאר חסר מהם, עד לעתיד לבוא, כי נתהפך הס"ג ונקרא עתה ב"ן כמו שמבואר, ולכן נשאר חסר מהם הס"ג עד לעתיד לבוא והבן. אז נוכל לומר, כי האותיות **גט"ס** בא"ת ב"ש **חר"**ן, הוא סוד - ויצא יעקב מבאר שבע וילך חרנה, על דרך מה שביאר האר"י ז"ל, **שכל האצילות נקרא בשם יעקב**, כמו שכתב בביאור ב' דפרשת ויצא, עיין שם, ותמצא רזין דאורייתא על פי זה. הוא סוד מה שמבואר כאן, ויצא יעקב שהוא ז"א דעולם הנקודים, מבאר שבע שהוא מיסוד דבינה, וילך, כמו שדרשו רז"ל - אין הליכה אלא לשון מיתה, והטעם שהלכו למיתה, הוא משום חרנה, שחסר מהם **חר"**ן, שהוא בא"ת ב"ש **גט"ס** כנזכר לעיל, ולכן הם גם כן הלכו לחרון אף, וזהו חרנה. הנה ספרוני כליותי, מה היה הטעם ברצון העליון, שנשארו רפ"ח ניצוצין דווקא, לא פחות ולא יותר, עד שמנתי האותיות דשבעה מלכים דמיתו, ומצאתי ממלת ממלת אשר מלכו, עד וימת בעל חנן בן עכבור, ועד בכלל, שיש בהם רפ"ח אותיות, וזה סוד ואלה המלכים שנשברו, שהם רפ"ח אותיות, כי וימלוך תחתיו הדר אינו בכלל מלכין דמיתו, כי זה היה מ"ה החדש ועולם התיקון. והנה כתוב בספר דרושים דף י"ג ע"ב, שנשברו השבעה מלכים דנוקבא, שבעה מלכים דז"א, שבעה מלכים דאימא, שבעה מלכים דאבא, שבעה מלכים דא"א, שבעה מלכים ועתיק. הרי מן ששה פרצופים נפלו **מ"ב מלכים**, וזה אות **ו' דואל"**ה המלכים, ר"ל מן ששה פרצופים היו אלה המלכים שנשברו, מכל אחד רפ"ח ניצוצות, וכלם הם כמספר **ואל"**ה, גימטריא **מ"**ב. עוד נראה לי במה שכתוב באדרא רבא, ז"ל - תאנא חמשה גבורות אינון וכו', עד אלף וארבע מאות גבוראן. ופירש האר"י ז"ל, כי כולם הם נשרשים במנצפ"ך, כי הם הגבורות, וכל אחד מהם כלולה מאלו החמשה, נמצא כי חמש פעמים מנצפ"ך, גימטריא **אלף וארבע מאות וחמשה גבוראן**, כמנין **את"ה**, כי אות א' הוא אלף, ועם ארבע מאות וחמשה, הוא את"ה. וזה סוד את"ה גבור וכו', עד כאן לשונו. **ונראה לי**, אם תמנה השבעה מלכים דמיתו, שהם בלע, יובב, חושם, הדד, שמלה, שאול, בעל חנן. יעלה מספרם אלף וארבע מאות וחמשה במכוון. להורות שכל הגבורות אלו, יצאו משבעה מלכים קדמאין דמיתו, ולכן נרמזו כולם בהם. **ועוד נאמר**, אם תמנה ראשי תיבות וסופי תיבות של שבעה מלכים אלו יעלה מספרם כמנין **תפאר"ת כח"**ה, ושאר אותיות הנשארות באמצע התיבות, עולה מספרם **ל"א תוסי"ף**, והכוונה היא כאשר נודע, כמו שאלו המלכין קדמאין היו בכורות, מפני שיצאו ראשונה בעולם, כך קין היה בכור, ואם היה הוא מתקן את עצמו, ולא היה הורג את הבל אחיו, אז היה כח בידו לתקן כל שבירת הכלים של הבכורות, ועתה שחטא גרם מה שגרם, ולכן אמר לו הקדוש ברוך הוא כי תעבוד את האדמה, ר"ל אם תרצה לברר בירורין מאת אדום, שהיא שם ב"ן, שהוא שם ב"ן, **ל"א תוסי"ף תפאר"ת כח"ה** לך, ר"ל שלא תוכל להוציאם מהקליפות, אלא על ידי גליות. וזה סוד נע ונד תהיה בארץ, ועל ידי הגליות תוכל להוציאם, וכשיושלמו הגליות אז ישתלמו הברורין מן האדמה מן הארץ, וזה שכתב **כחה**, במפיק **ה'**, שרומזת על שם ב"ן דההי"ן, שלא תוכל להוציא ממנה הברורין, כמו הכח שהיה לך קודם שחטאת, רק מעט מעט תברר, עד סוף הגלות הרביעית, שהוא גלות אדום, על שם ארץ אדום, ואז בלע המות לנצח וכו'. וזה סוד מילוי **יסו"**ד, גימטריא **שו"**ר כנזכר לעיל, וכן מילוי דעת, גימטריא **שו"**ר. והוא לפי מאחר שהטיפה יצאת מהדעת דרך היסוד, וזה גרם להם סוד השבירה, לכן רמז בהם י"א אד"ם, שעולים גימטריא **שו"**ר, להורות על המילוי שלהם שנתמלאו מהמשפע וטל של מעלה, בסוד שראשי נמלא טל, ולכן הוכרחו לשפוך השפע לחוץ כלי נוקבא, כי עדיין הנוקבא לא היה בה תיקון הנזכר לקמן עד כאן.

עֵץ חַיִּים

לרבינו חיים ויטאל

שקיבל ממרן האר"י זלה"ה

שַׁעַר ט'

שַׁעַר שבירת הכלים

פֶּרֶק ד'

חלק התרשימים טבלאות וציורים

שמחת חיים

הקדמה קצרה

דע כי כל התרשימים הציורים והטבלאות, הם אך ורק לשכך את האוזן, ולשבר את העין. וכל הציורים הם לא שלמים.

כתב הרי"ח הטוב ברב פעלים ח"ב בסוד ישרים ה' - אך דע לך כי סדר התלבשות המחצבים שכתב מהרח"ו בשערי קדושה עד עולם הזה שאנחנו עומדים בו. וכן סדר התלבשות הפרצופים אשר בכל מחצב ומחצב, וסדר התלבשות העולמות זה בזה, והיושר והעיגולים, לא אית אינש דכיל למנלע רזא דנא, איך היא עשוי, איך הוא עומד, ולא אפשר לשכל אנושי לצייר כל הנזכר על אמתיתם, ועל בוריין מפני כי שכל האנושי בהיותו עצור ומונח בגוף גשמיי, אי אפשר לי להשיג דבר רוחני, והוא זה דומה לאדם סומא מן הבטן שלא ראה מאורות מימיו, דודאי אי אפשר לו לצייר מראות השמש והירח הנראין לעיני הבריות, וכל שכן מה שיש למעלה למעלה.

וכן כתב ברב פעלים ח"א בסוד ישרים א' - סוף דבר הכל נשמע, ה' אחד ושמו אחד, ואין לו גוף ולא דמות הגוף, ואין לו שום ציור, ותמונה ודמיון כלל ועיקר, וגם כל העולמות וספירות הקדושים למעלה אין להם ציור ודמיון של גופים האלה כלל, ואין מי שיוכל לידע איך הוא עמידתם וסדרם, ואיך עומדים עולמות היושר ועולמות העיגולים, ואיך מתחברים זה עם זה, ואיך נמשך השפע מזה לזה, ואיך הוא תוארם ומראיהם, ואיך הוא מהות השפע המחיה אותם, ומקיים אותם, וכמה הוא שיעור אורכם וגובהן ורחבם, ואיך הם נכללים זה בזה, ומלבישים זה לזה, כי בכל זאת אין שום שכל אנושי יוכל לדעת, ולהבין, ולהשיג, כלל ועיקר.

הרב ז"ל כתב בשער אח"פ תחילת פ"א וז"ל - כבר ידעת כי אין בנו כח לעסוק קודם אצילות עשר ספירות, ולא לדמות שום דמיון וצורה כלל ח"ו, אך לשכך האזן, אנו צריכים לדבר דרך משל ודמיון, לכן אף אם נדבר במציאות ציור שם למעלה, אין הדבר רק לשכך האזן. אמנם דע כי עשר ספירות דאצילות הם שתי עניינים. האחד הוא התפשטות הרוחניות, והשני הוא כלים ואברים אשר העצמות מתפשט בהם. והנה צריך שיהיה לכל זה שורש למעלה לשתי בחינות אלו, ולכן צריכין אנו לדבר בסדר המדרגות מראש עד סוף, והנה נתחיל ונאמר כי הלא הא"ס ב"ה אין בו שום ציור כלל ח"ו כמבואר.

הרב ז"ל כתב בשער טנת"א פ"א - והנה אף על פי שאנו מכנים וקוראים כאן כנויים אלו כגון אדם ראש אזנים וכיוצא אינו רק לשכך האזן לשיבונו הדברים לכן אנו מכנים כנויים אלו במקום גבוה, עד כאן לשונו.

וכן הרמ"ק בפרדס רימונים ש"ו פ"א - וציירו להם המקובלים צורות ביריעות גדולות וקראום אילן. הרב ז"ל כתב בסוף ש"ה פ"ד וז"ל - ואמנם דבר גלוי הוא כי אין למעלה גוף ולא כח גוף חלילה. וכל הדמיונות והציורים אלו לא מפני שהם כך חס ושלום. אמנם לשכך את האוזן לכשיוכל האדם להבין הדברים העליונים הרוחניים בלתי נתפסים ונרשמים בשכל האנושי, לכן ניתן רשות לדבר בבחינת ציורים ודמיונים, כאשר הוא פשוט בכל ספרי הזוהר. וגם בפסוקי התורה עצמה כולם כאחד עונים ואומרים בדבר הזה כמו שאמר הכתוב עיני ה' המה משוטטים בכל הארץ. עיני ה' אל צדיקים. וישמע ה'. וירח ה'. וידבר ה'. וכאלה רבות וגדולה מכולם מה שאמר הכתוב ויברא אלהים את האדם בצלמו בצלם אלהים ברא אותו זכר ונקבה וגו'. ואם התורה עצמה דברה כך גם אנחנו נוכל לדבר כלשון הזה, עם היות שפשוט הוא שאין שם למעלה אלא אורות דקים, בתכלית הרוחניות, בלתי נתפשים שם כלל, וכמו שאמר הכתוב כי לא ראיתם כל תמונה, וכאלה רבות.

ואמנם יש עוד דרך אחרת כדי להמשיך ולצייר בה הדברים העליונים, והם בחינת כתיבת צורת אותיות, כי כל אות ואות מורה על אור פרטי עליון, וגם תמונת זו דבר פשוט הוא כי אין למעלה לא אות, ולא נקודה, וגם זה דרך משל וציור לשכך את האוזן כנזכר. ולכן נבאר עתה הקדמה הנזכר על דרך ציור האותיות גם כן ובבחינת ציורים אלו, הן ציור האדם, והן ציור אותיות, שתיהן מוכרחים להבין ענין האורות העליונים, כאשר תראה ספרי הזוהר בנויים על שתי בחינות הציורים האלה, עד כאן לא.

ולכן גם אנחנו הרשינו לעצמינו לצייר ציורים, תרשימים וטבלאות, אך ורק כדי לשכך את האוזן, ולשבר את העין, כדי להבין את הסוגייה.

אח"י

תרשימים שער ט' פרק ד'

<u>סדר שמות שמות ההיכלות והשערים בעץ חיים</u>

שם היכל	שער	שם השער	א	ב	ג	ד	ה	ו	ז	ח	ט	י	יא	יב	יג	יד	טו
אדם קדמון	א	עיגולים ויושר	א	ב	ג	ד	ה										
	ב	השתלשלות י"ס דרך עגו'	א	ב	ג												
	ג	סדר אצילות למהרח"ו	א	ב	ג												
	ד	אח"פ	א	ב	ג	ד	ה										
	ה	טנת"א	א	ב	ג	ד	ה	ו	ז								
	ו	עקודים	א	ב	ג	ד	ה	ו	ז	ח							
	ז	מטי ולא מטי	א	ב	ג	ד	ה										
נקודים	ח	דרושי נקודות	א	ב	ג	ד	ה	ו									
	ט	שבירת הכלים	א	ב	ג	ד	ה	ו	ז	ח							
	י	תיקון	א	ב	ג	ד	ה										
	יא	מלכים	א	ב	ג	ד	ה	ו	ז	ח	ט	י					
הכתרים	יב	עתיק	א	ב	ג	ד	ה										
	יג	א"א	א	ב	ג	ד	ה	ו	ז	ח	ט	י	יא	יב	יג	יד	
או"א	יד	או"א	א	ב	ג	ד	ה	ו	ז	ח	ט	י					
	טו	זווגים	א	ב	ג	ד	ה	ו									
	טז	הולדת או"א וזו"ן	א	ב	ג	ד	ה	ו	ז								
ז"א	יז	ז"א	א	ב	ג	ד											
	יח	רפ"ח נצוצין	א	ב	ג	ד	ה	ו									
	יט	אנ"ך	א	ב	ג	ד	ה	ו	ז	ח	ט	י					
	כ	המוחין	א	ב	ג	ד	ה	ו	ז	ח	ט	י	יא	יב			
	כא	לידת המוחין	א	ב	ג												
	כב	מוחין דקטנות	א	ב	ג												
	כג	מוחין דצלם	א	ב	ג	ד	ה	ו	ז	ח							
	כד	פרקי הצלם	א	ב	ג	ד	ה	ו	ז								
	כה	דרושי הצלם	א	ב	ג	ד	ה	ו	ז	ח							
	כו	צלם	א	ב	ג	ד											
	כז	פרטי עי"מ	א	ב	ג	ד											
	כח	עיבורים	א	ב	ג	ד	ה										
	כט	נסירה	א	ב	ג	ד	ה	ו	ז	ח	ט						
	ל	פרצופים	א	ב	ג	ד	ה	ו	ז								
	לא	פרצופי זו"ן	א	ב	ג	ד	ה										
	לב	הארת המוחין	א	ב	ג	ד	ה	ו	ז	ח	ט						
	לג	אונאה	א	ב	ג	ד	ה										
נוק' דז"א	לד	תיקון הנוקבא	א	ב	ג	ד	ה	ו	ז								
	לה	הירח	א	ב	ג	ד	ה										
	לו	מיעוט הירח	א	ב	ג	ד											
	לז	יעקב ולאה	א	ב	ג	ד	ה										
	לח	לאה ורחל	א	ב	ג	ד	ה	ו	ז	ח	ט						
	לט	מ"ן ומ"ד	א	ב	ג	ד	ה	ו	ז	ח	ט	י	יא	יב	יג	יד	טו
	מ	פנימיות וחצוניות	א	ב	ג	ד	ה	ו	ז	ח	ט	י	יא	יב	יג	יד	טו
	מא	חשמל	א	ב													
אבי"ע	מב-א	דרושי אבי"ע	א	ב	ג	ד	ה	ו	ז	ח	ט	י	יא	יב			
	מב-ב	כללות אבי"ע	א	ב	ג	ד											
	מג	ציור עולמות אבי"ע	א	ב	ג	ד											
	מד	שמות	א	ב	ג	ד	ה	ו	ז								
	מה	מקיפין	א	ב	ג	ד											
	מו	כסא הכבוד	א	ב	ג	ד	ה	ו									
	מז	סדר אבי"ע	א	ב	ג	ד	ה	ו									
	מח	קליפות	א	ב	ג	ד											
	מט	קליפת נוגה	א	ב	ג	ד	ה	ו	ז	ח	ט						
	נ	קיצור אבי"ע	א	ב	ג	ד	ה	ו	ז	ח	ט	י					

<u>טבלת ערכים</u>

עשיה	יצירה	בריאה	אצילות	אדם קדמון	עולמות
נוקבא	ז"א	אמא	אבא	ע"י ורא"א	פרצופים
מלכות	חג"ת נה"י	בינה	חכמה	כתר	ספירות
ה	ו	ה	י	קוץ של י'	הוי"ה
נפש	רוח	נשמה	חיה	יחידה	אורות
ב"ן - יוד הה וו הה	מ"ה - יוד הא ואו הא	ס"ג - יוד הי ואו הי	ע"ב - יוד הי ויו הי	שורש הוי"ה	מלוי
אותיות	תגין	נקודות	טעמים	שורשים	טנת"א
אין ניקוד	סגול, שוה, חולם חיריק, קבוץ, שורוק	צרי	פתח	קמץ	נקודות
עטרת היסוד	גוף וברית	מוח שמאל	מוח ימין	גולגולתא	אדם
כבד	לב	מוח	ל - מקיף, חיה	מ - מקיף, יחידה	מל"ץ
היכל	לבוש	גוף	נשמה	שורש	שנגגל"ה
יעו"ר	זו"ן	ישסו"ת	או"א עלאין	ער"ן או"א	י"ב פרצופים
כלים	לבושים	צלמים	מוחין	אורות	כל צמא
עור	בשר	גידין	עצמות	מוח	אברים
דיבור	ריח	שמיעה	ראיה	מוח	חושים
חושך	מלאכים	נשמות	ספירות	א"ס	מחצבים
צ' כבד	צ' לב	צ' מוח	ל' מקיף א'	מ' מקיף ב'	צלם
דומם	צומח	חי	מדבר	אלוקות	דחצ"מ
עפר	רוח	אש	מים	יולי	יסודות
וילון	מכון, מעון, זבול שחקים, רקיע	ערבות	ערבות	ערבות	רקיעים
לבנה	ככבים	מזלות	גלגל היומי	גלגל השכל	גלגלים
לבנת הספיר	אהבה, זכות, רצון, נוגה, עצם השמים, לבנת הספיר	קודש קודשים	קודש קודשים	קודש קודשים	היכלות
כו - וד ה ו ה	יט - וד א או א	לז - וד י או י	מו - וד י יו י		מלוי הוי"ה
קנ"א - אלף הה יוד הה	קמ"ג - אלף הא יוד הא	קס"א - אלף הי יוד הי	קס"א - אלף הי יוד הי	קס"א - אלף הי יוד הי	אהי"ה

תרשים ד - א

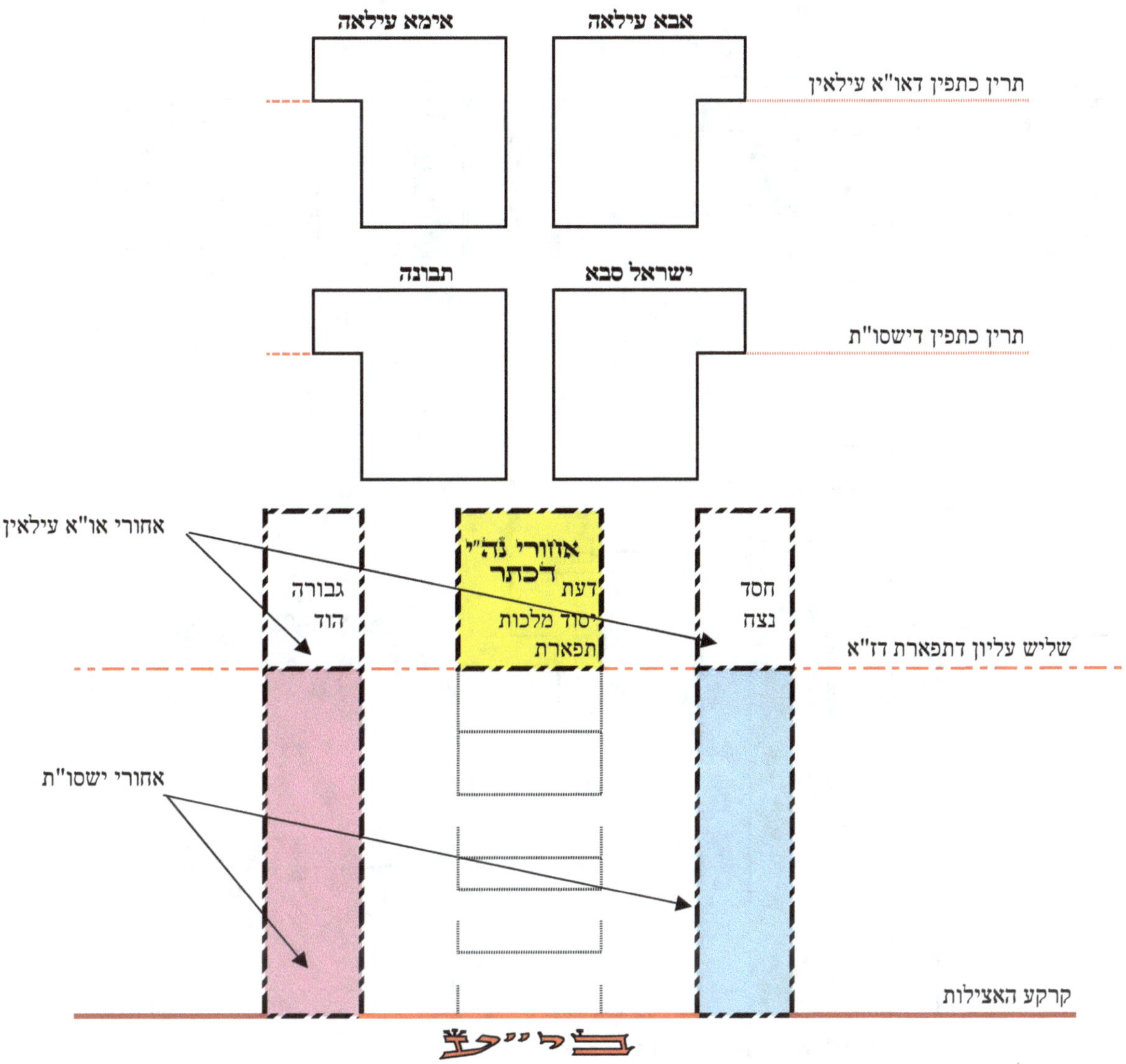

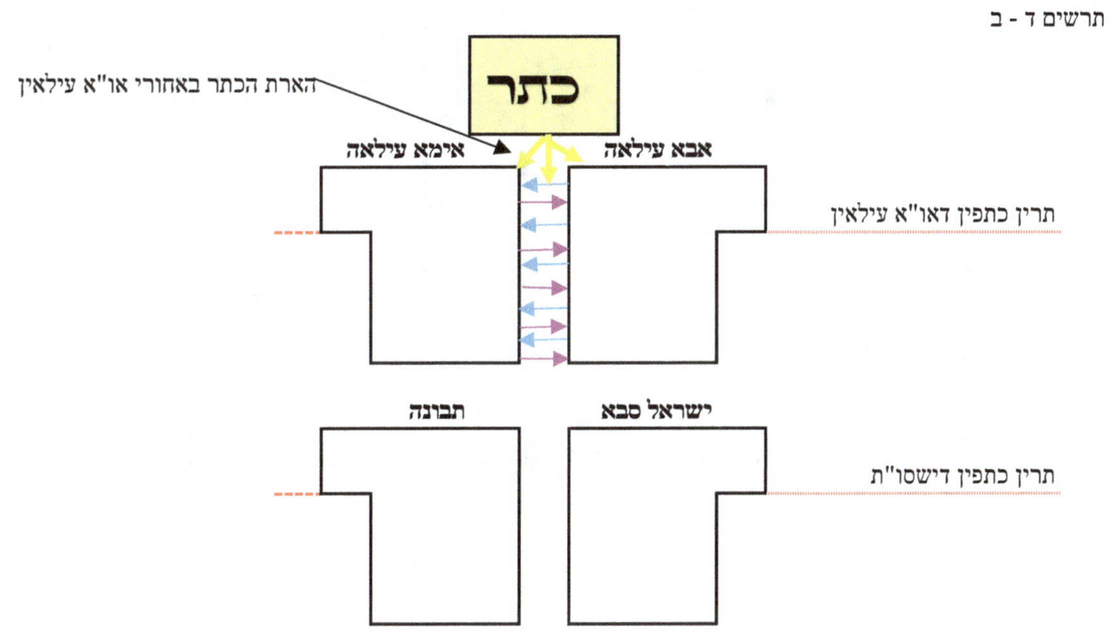

תרשים ד - ב

תרשים ד - ג

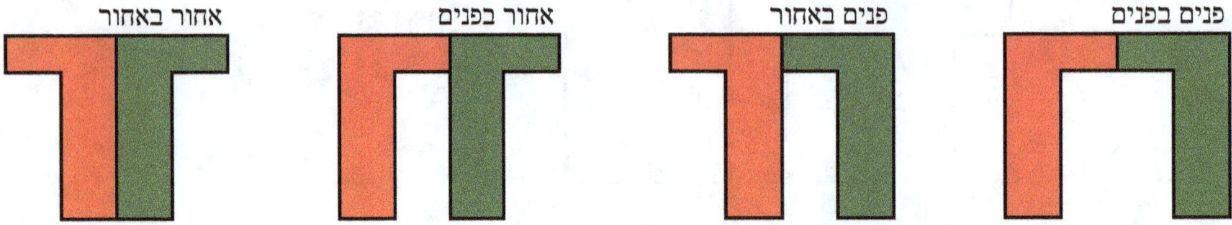

תרשים ד - ד

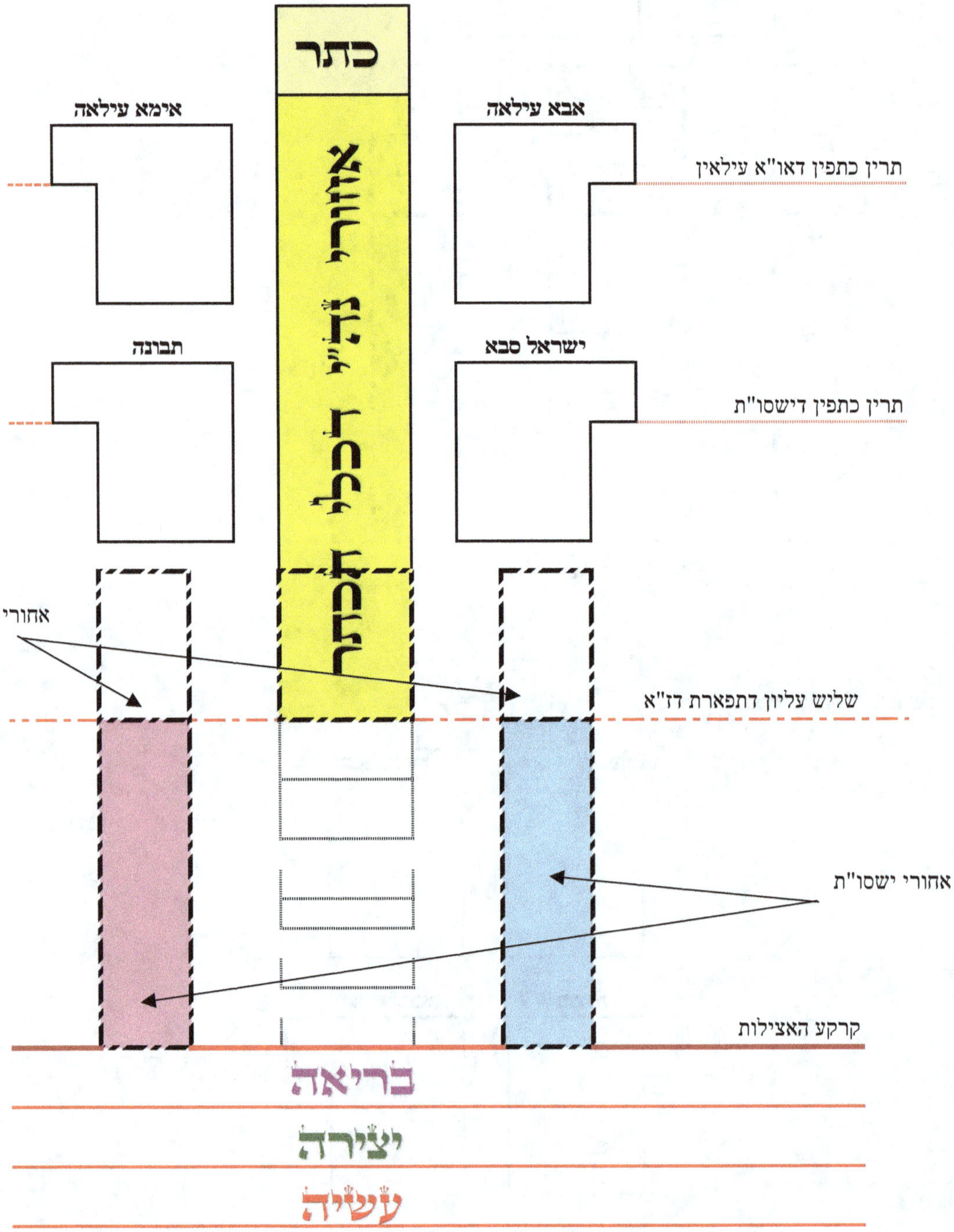

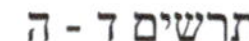

תרשימים שער ט' פרק ד'

תרשים ד - ה

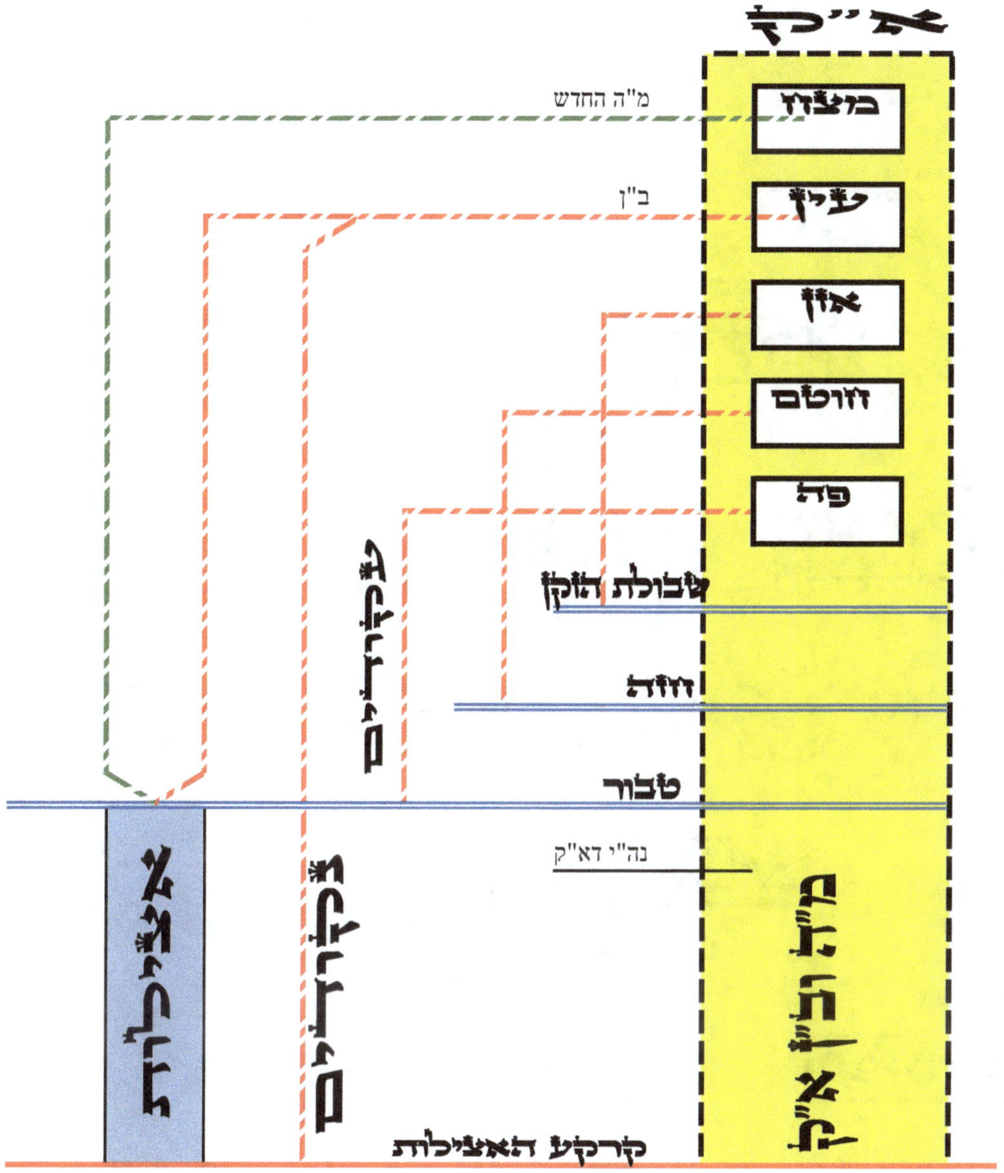
א"ק
מצח
מ"ה החדש
עין
ב"ן
אזן
חוטם
פה
שבולת הזקן
חזה
טבור
עקודים
נה"י דא"ק
אצילות
נקודים
מ"ה וב"ן דא"ק
קרקע האצילות

תרשים ד - ו

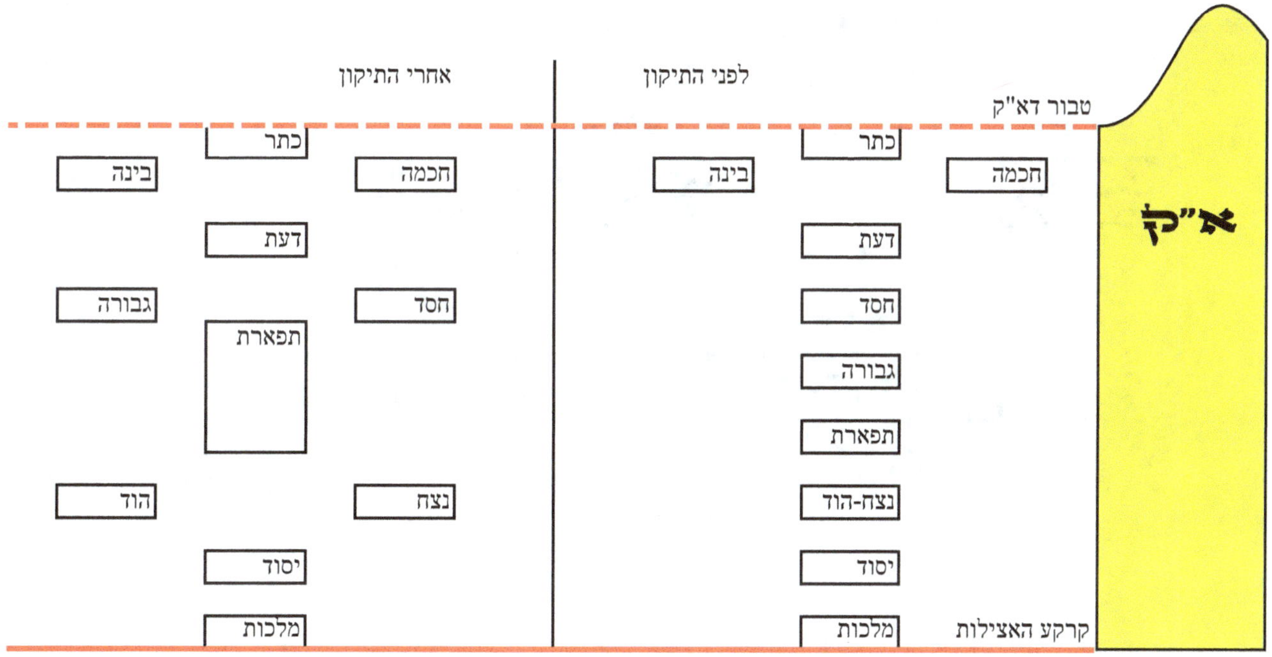
אחרי התיקון
לפני התיקון
טבור דא"ק
כתר
בינה
חכמה
דעת
גבורה
חסד
תפארת
הוד
נצח
יסוד
מלכות
כתר
בינה
חכמה
דעת
חסד
גבורה
תפארת
נצח-הוד
יסוד
מלכות
קרקע האצילות
א"ק

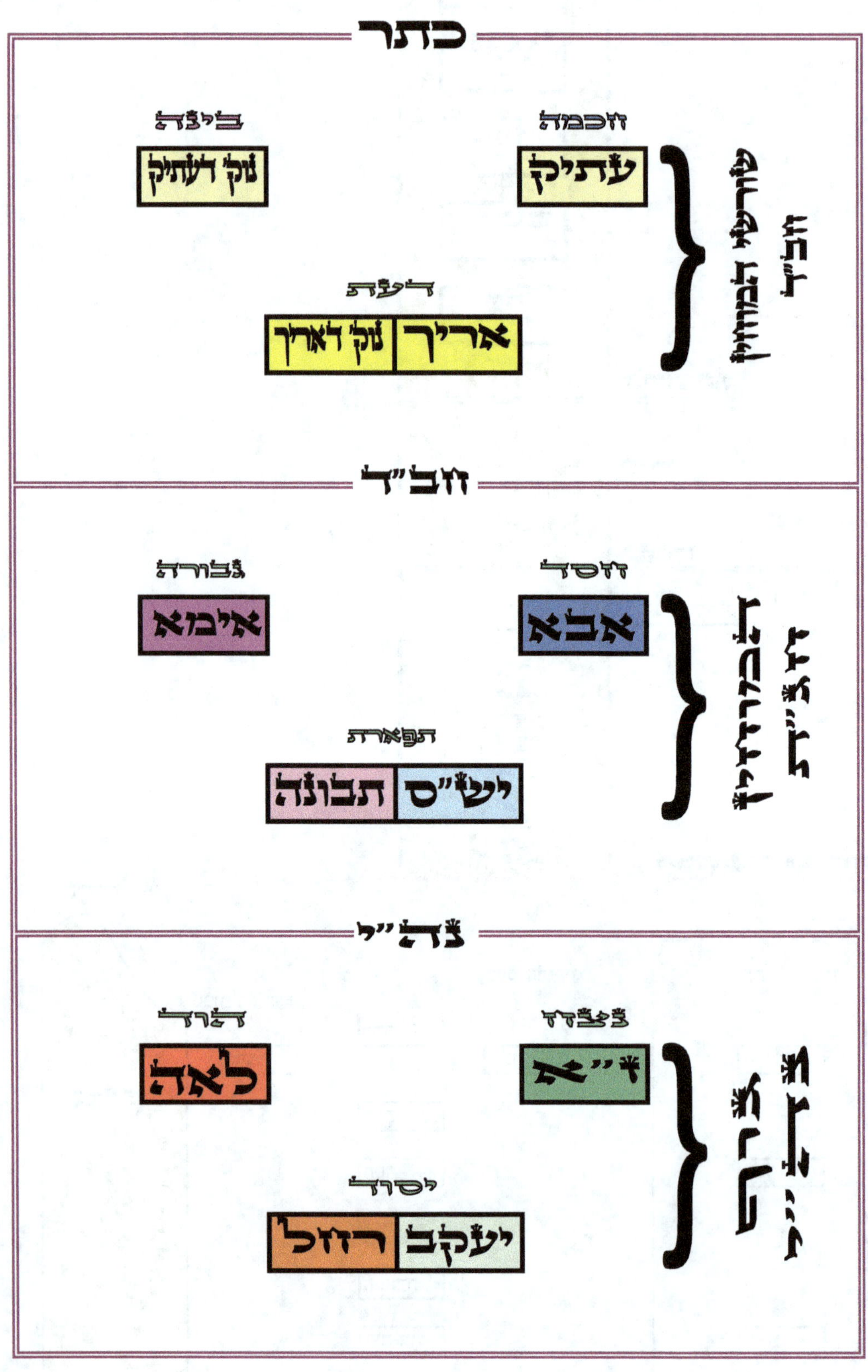

כתר
חכמה: עׄתיק
בינה: נוק' דעתיק
דעת: אריך | נוק' דאריך
אדם קדמון עתיק ואריך

חב"ד
חסד: אבא
גבורה: אימא
תפארת: יש"ס | תבונה
אבי"ע אבא ואימא

נה"י
נצח: י"א
הוד: לאה
יסוד: יעקב | רחל
זו"ן זעיר אנפין

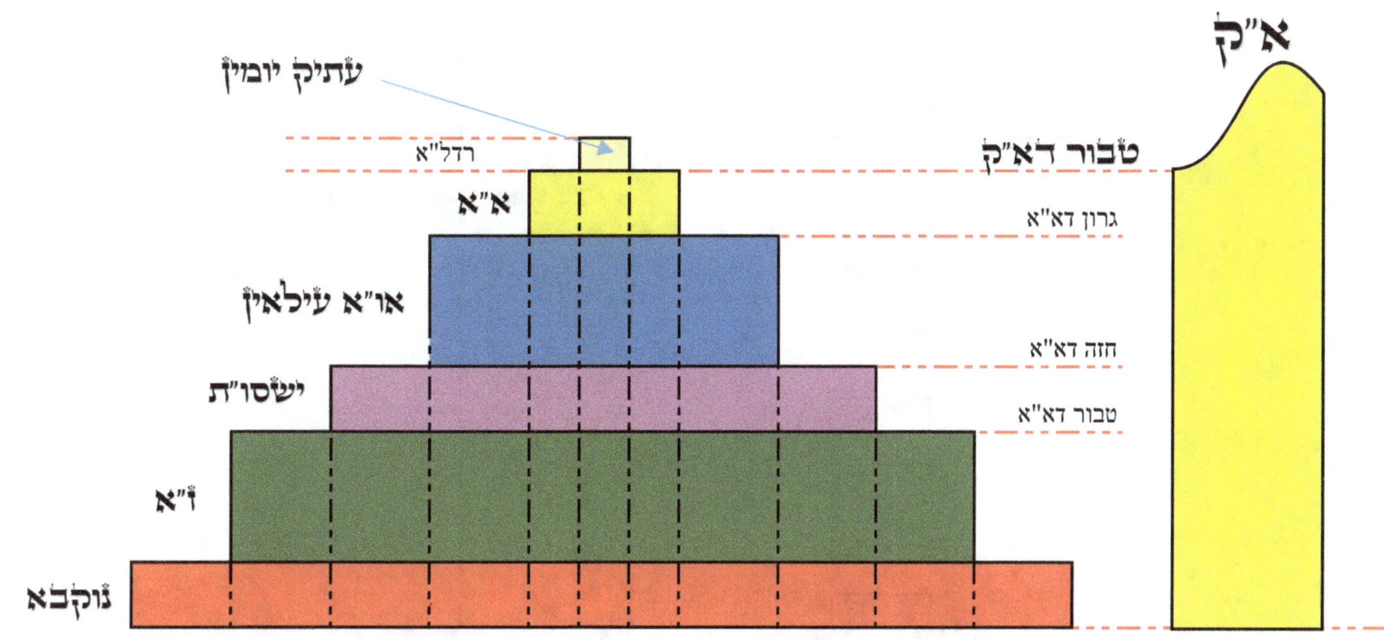
תרשים ד - ח
א"ק
עַתִּיק יוֹמִין
טַבּוּר דא"ק
רדל"א
א"א
גרון דא"א
או"א עִילָאִין
חזה דא"א
יִשְׂסוּ"ת
טבור דא"א
ז"א
נוקְבָא

תרשים ד - ט
נְקוּדִים
א"א
טבור דא"ק
כתר
כתר
חכמה
חָכְמָה
בינה
בִּינָה
בינה
דעת
כתפים דא"א
אבא עילאה
גְּבוּרָה
חֶסֶד
אמא עילאה
חסד
תפארת
גבורה
תפארת
חזה דא"א
תבוּנָה
טבור בא"א
יֵשֵׁ"ס
נצח הוד
הוֹד
נֵצַח
יסוד
יְסוֹד
קרקע האצילות
מַלְכוּת
מלכות

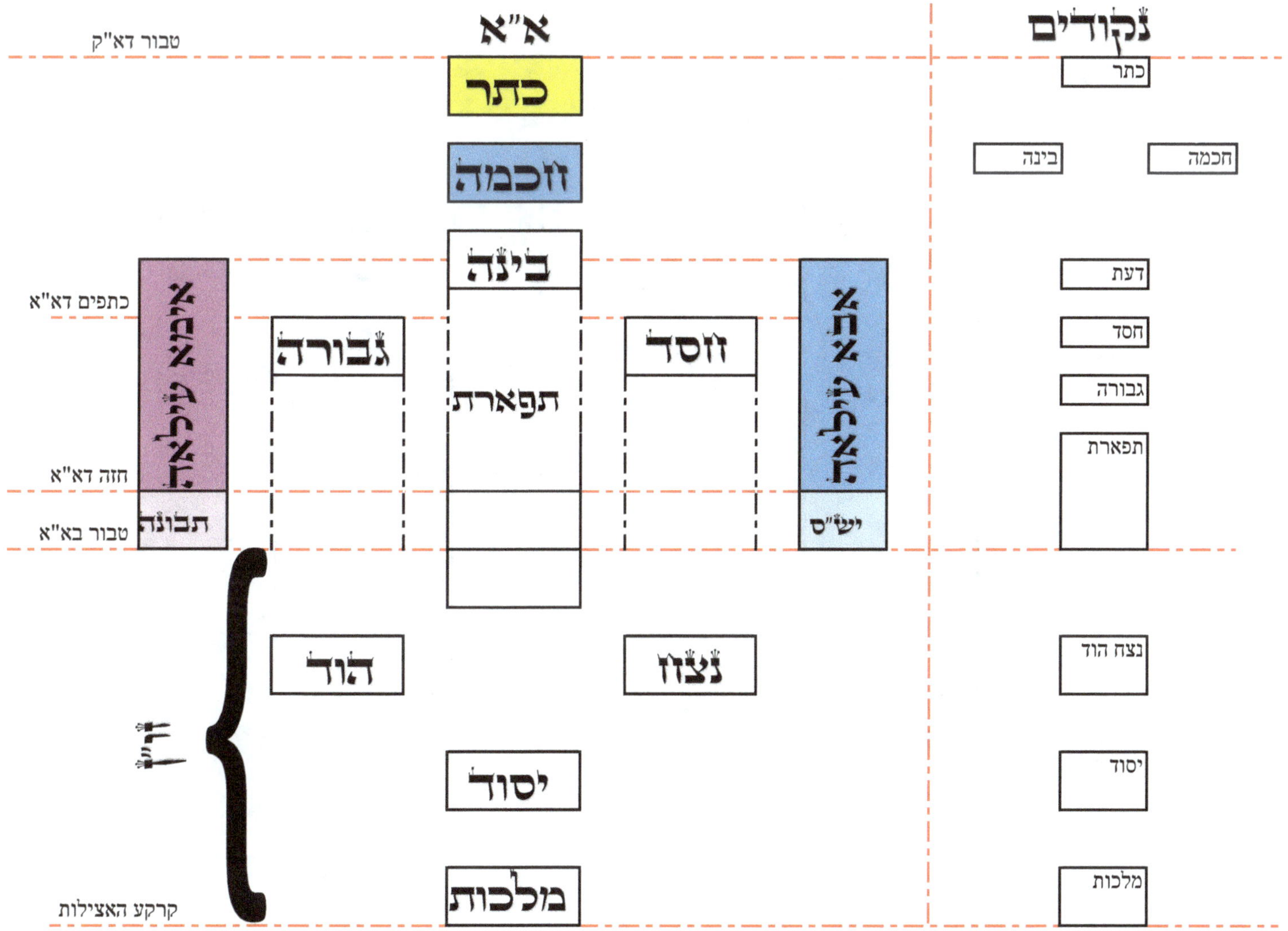

תרשים ד - י

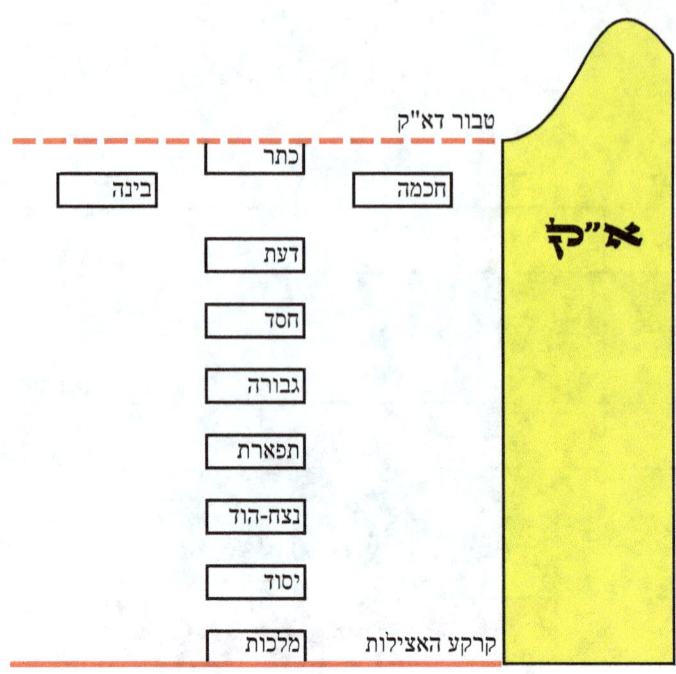

תרשים ד - י"א

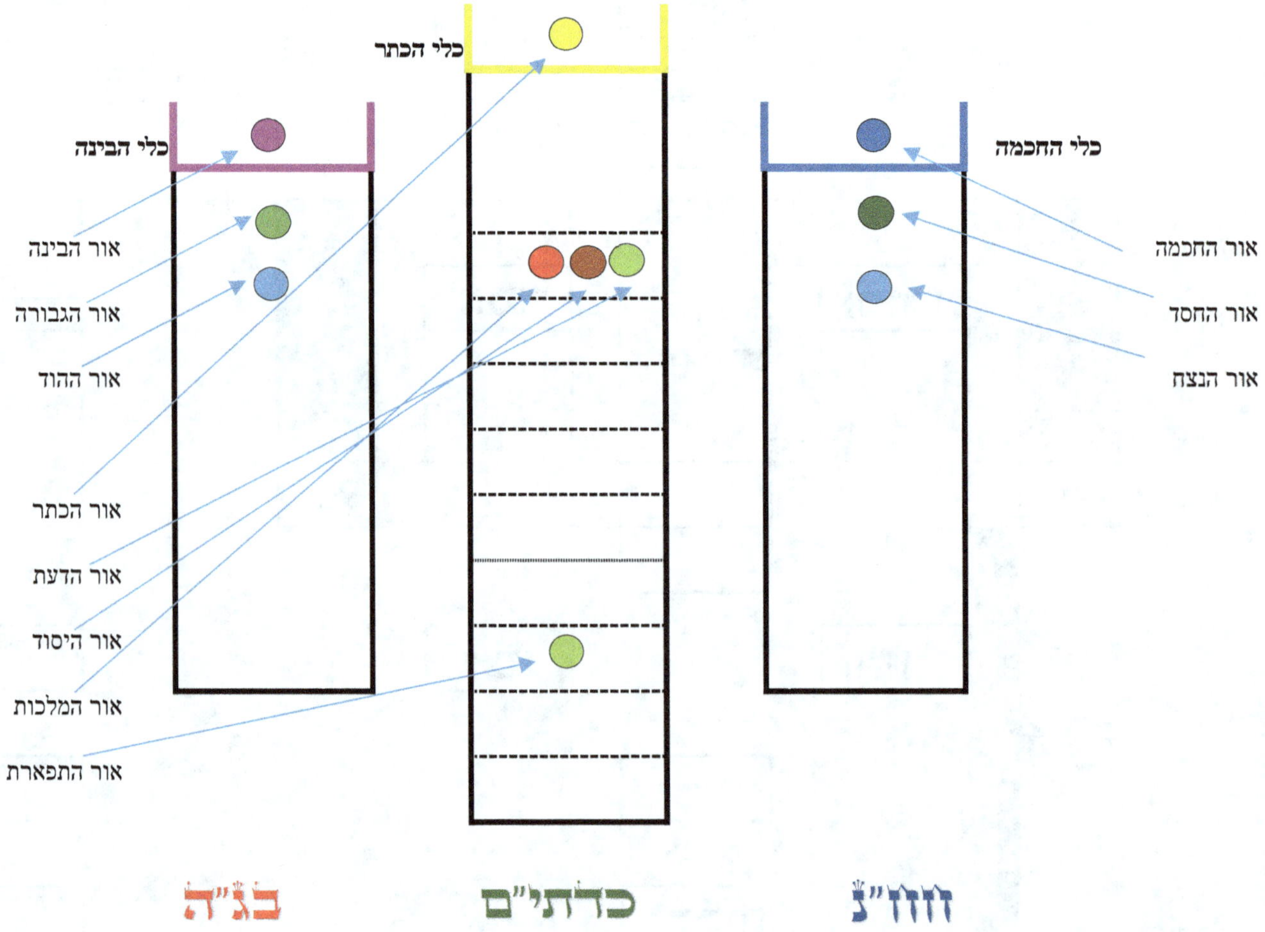

תרשים ד - י"ב

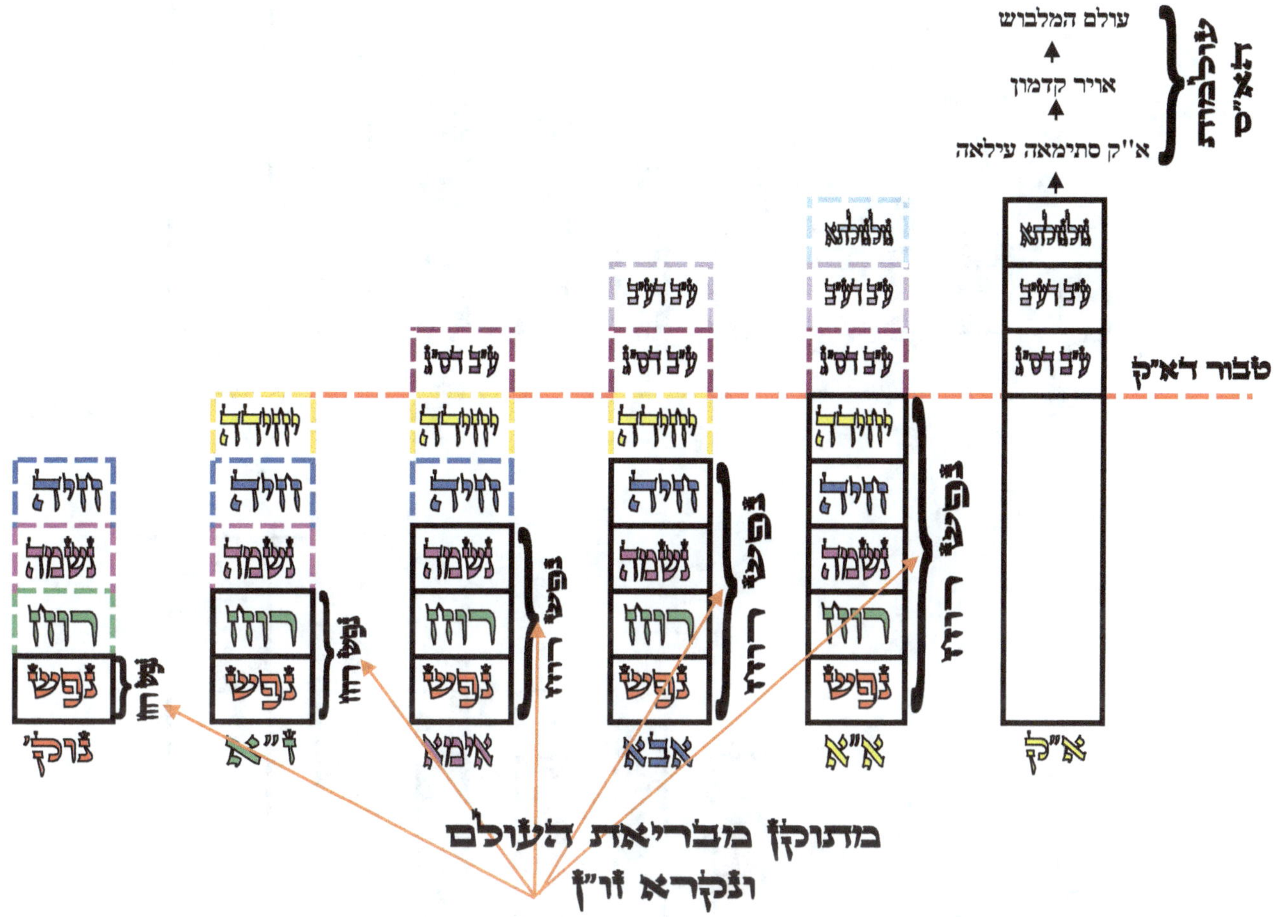

תרשים ד - י"ג

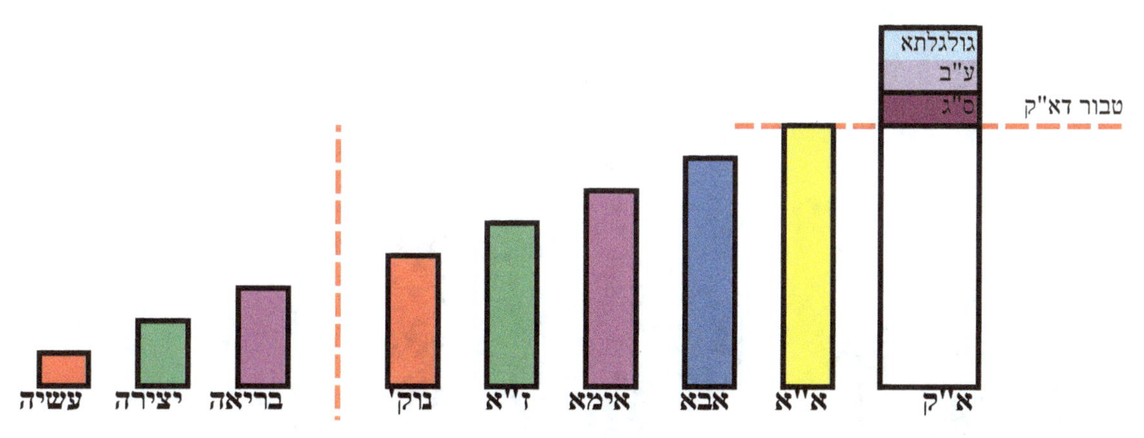

תרשימים שער ט' פרק ד'

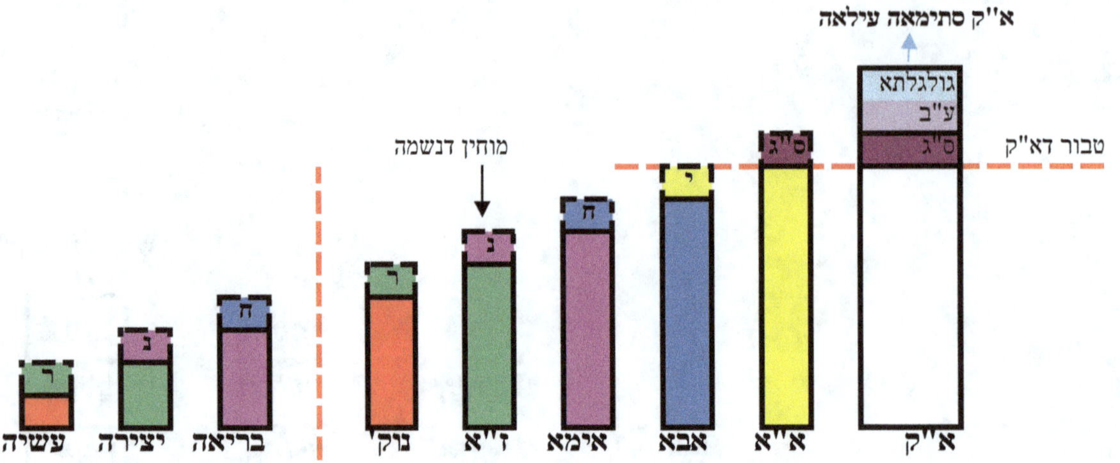

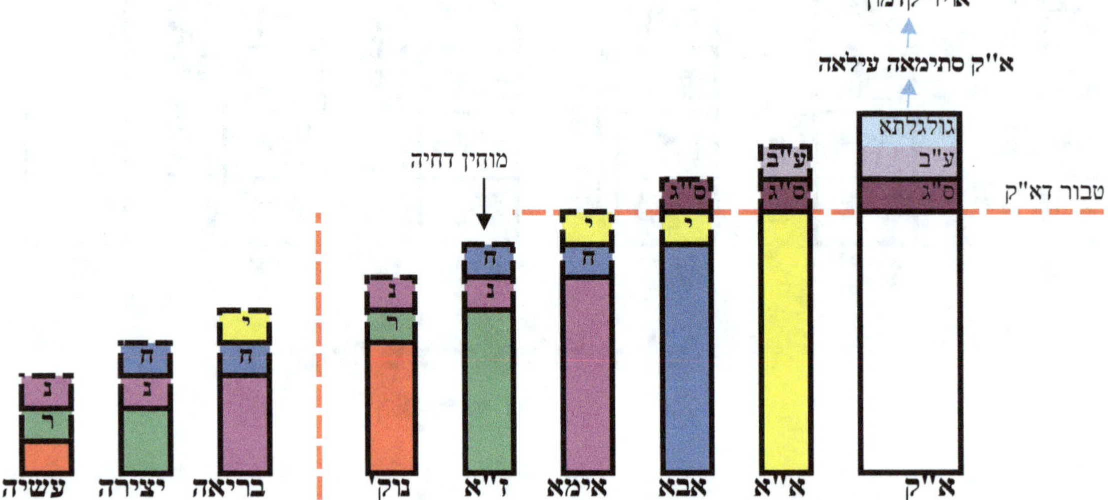

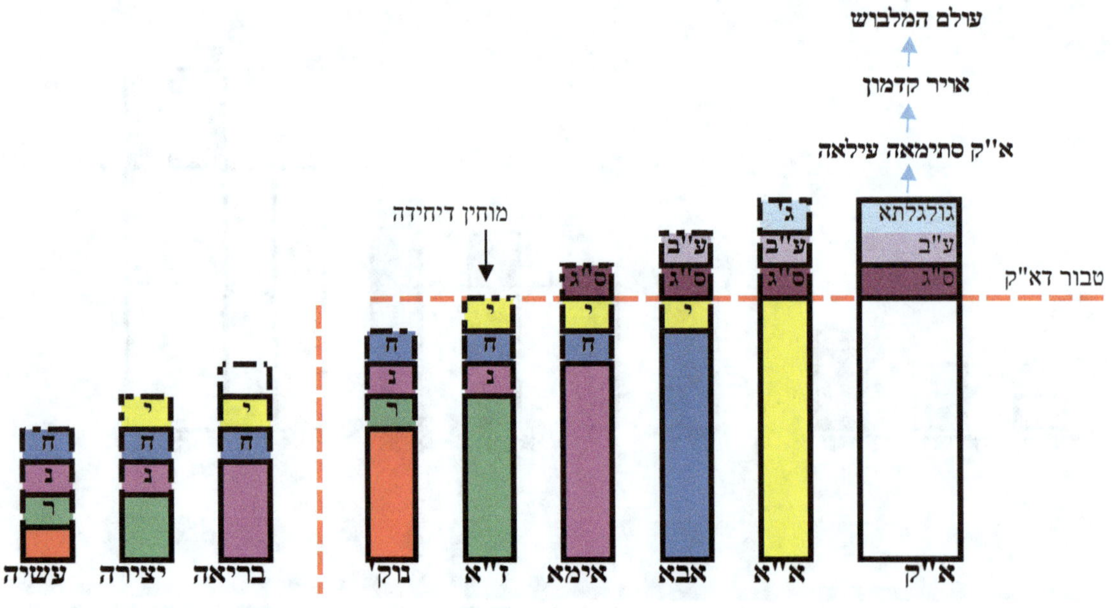

תרשימים שער ט' פרק ד'

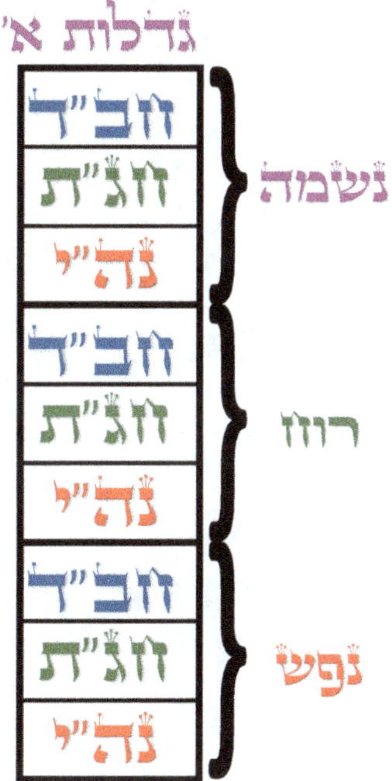

תרשים ד - כ"א

תרשים ד - כ"ב

תרשים ד - כ"ג

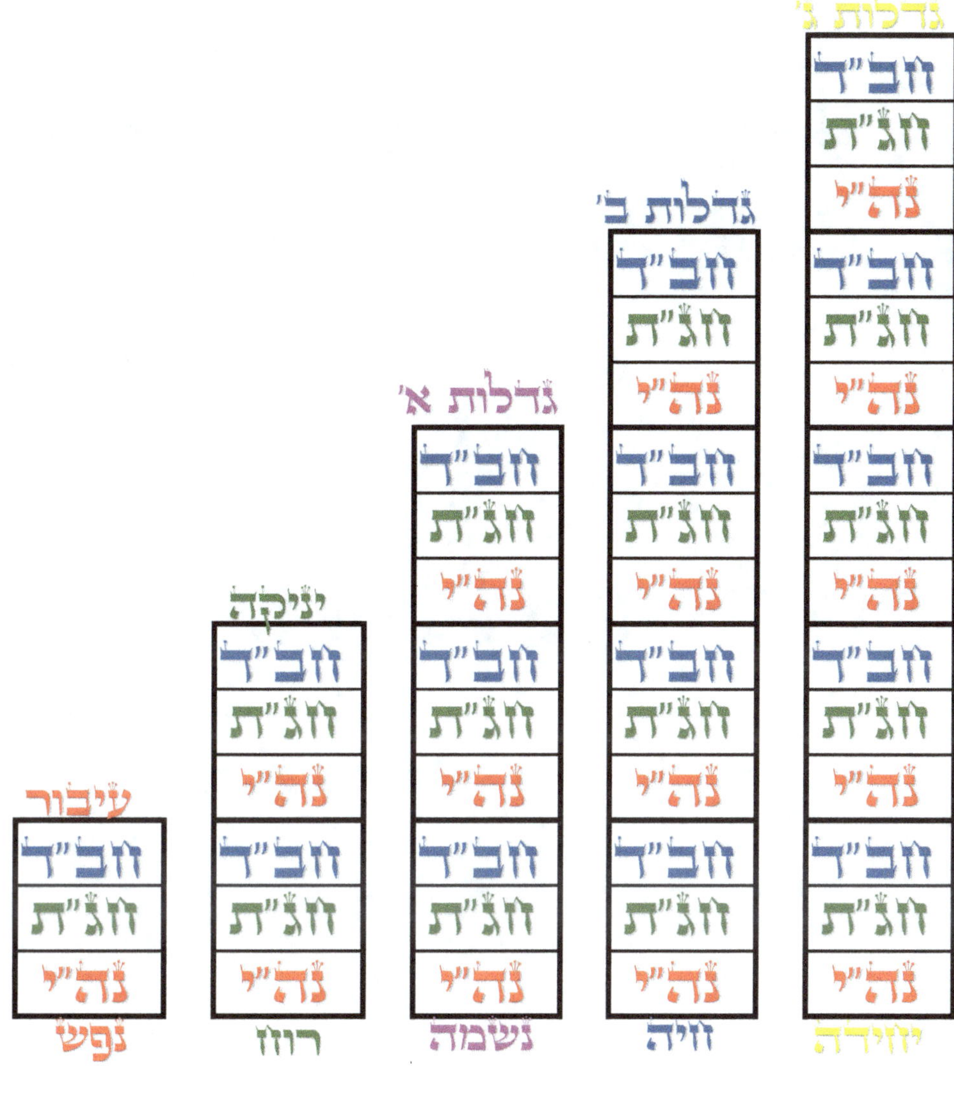

תרשים ד - כ"ד